移民クライシス

偽装留学生、奴隷労働の最前線

出井康博

角川新書

はじめに

年号が変わる2019年は、日本という国のかたちが変わり始めた「元年」としても後世に記憶されるかもしれない。日本が「移民国家」に向けて大きな一歩を踏み出すからだ。

19年4月から、外国人が「単純労働」を目的に入国できるようになる。「特定技能」という新しい在留資格がつくられてのことだ。この資格による就労期間は最長5年だが、一定の条件を満たした外国人は日本で引き続き働け、永住への道も開かれる。

「単純労働」とは、専門的な技能を必要としない肉体労働を指す。その単純労働で人手不足が深刻化している。身体を酷使する仕事なのに賃金が安いため、日本人の働き手は嫌がる。そこで政府は外国人の受け入れに踏み切った。資格には「特定技能」というもっともらしい名前がついているが、日本語に不自由な外国人でも体力さえあれば仕事はこなせる。

同じく4月以降、日本の大学を卒業した留学生の就職条件も緩和される。政府は「優秀な外国人材」の確保が目的だと強弁するが、実際には新在留資格の創設と同様、単純労働の人手不足対策となる可能性が高い。留学生が就労ビザを取得する際の基準は、すでに大きく緩んでいる。日本で就職した後、本来は認められない単純労働に従事している元留学生も少なくない。

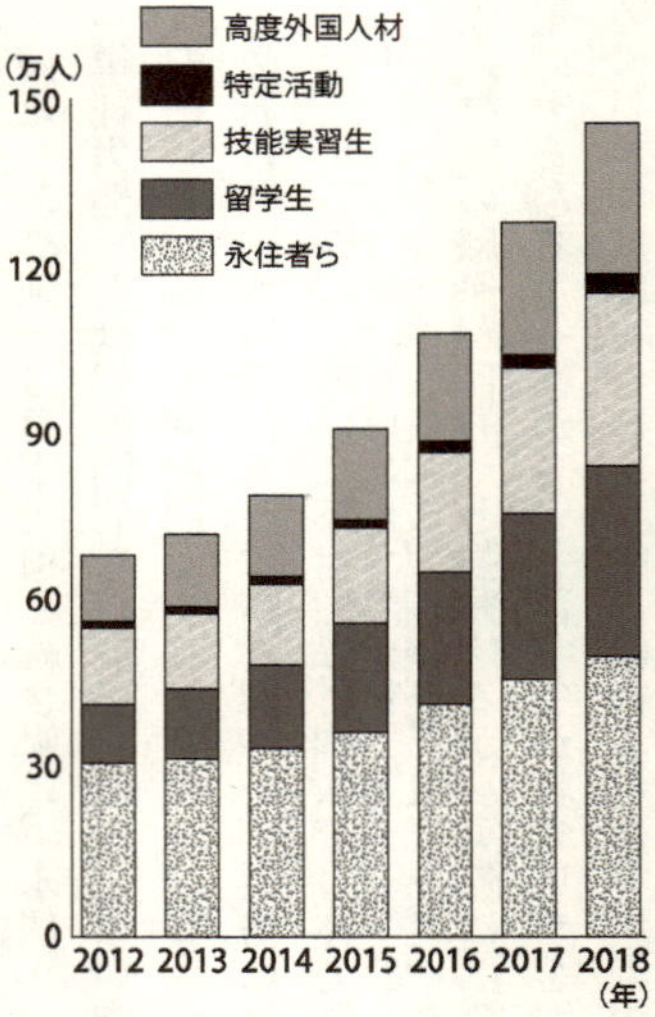

外国人労働者の推移（厚生労働省「外国人雇用状況」をもとに作成）

留学生はいったん就職すれば日本で永住する権利を得るに等しい。留学生の就職条件緩和は、新在留資格創設にも増して日本の「移民国家」化に直結する。

日本で働く外国人は２０１８年10月時点で１４６万４６３人に達し、６年連続で過去最高を更新している。５年前と比べて約2倍の急増だ。実質的に「移民」と呼べる永住者も増加が続く。18年6月時点で75万９１３９人を数え、10年前から27万人近く増えた。今後は外国人労働者のみならず、「移民」の増加にも拍車がかかるだろう。

しかし政府は、新たな政策が移民の受け入れにつながるとは認めない。国民に根強い「移民アレルギー」に配慮してのことだ。

政府による本音と建前の使い分けは、今に始まったことではない。外国人の受け入れをめぐって、過去に何度も繰り返されてきた。たとえば、新聞やテレビなどでも批判の多い「外国人技能実習制度」（実習制度）がそうだ。

実習制度を使い、18年6月時点で28万5776人の外国人が働いている。その趣旨は「途上国の若者に日本で進んだ技能を身につけてもらい、母国に戻って活《い》かしてもらう」というものだ。だが、それは建前にすぎず、実際には日本人の働き手が不足する仕事に低賃金の外国人労働者を供給する手段となっている。仕事は単純労働で、母国で活かせる技能も身につかない。

さらにひどいのが留学生だ。留学生は32万4245人と、安倍《あべ》晋三《しんぞう》政権（第2次）が誕生した2012年末からの6年半で14万人以上も増えた。こうして急増した留学生の大半は出稼ぎを目的に、貧しいアジアの新興国から来日している。留学生には「週28時間以内」のアルバイトが認められる。そこに目をつけ、「留学」を出稼ぎに利用するのだ。そんな実態を政府も黙認し続けている。

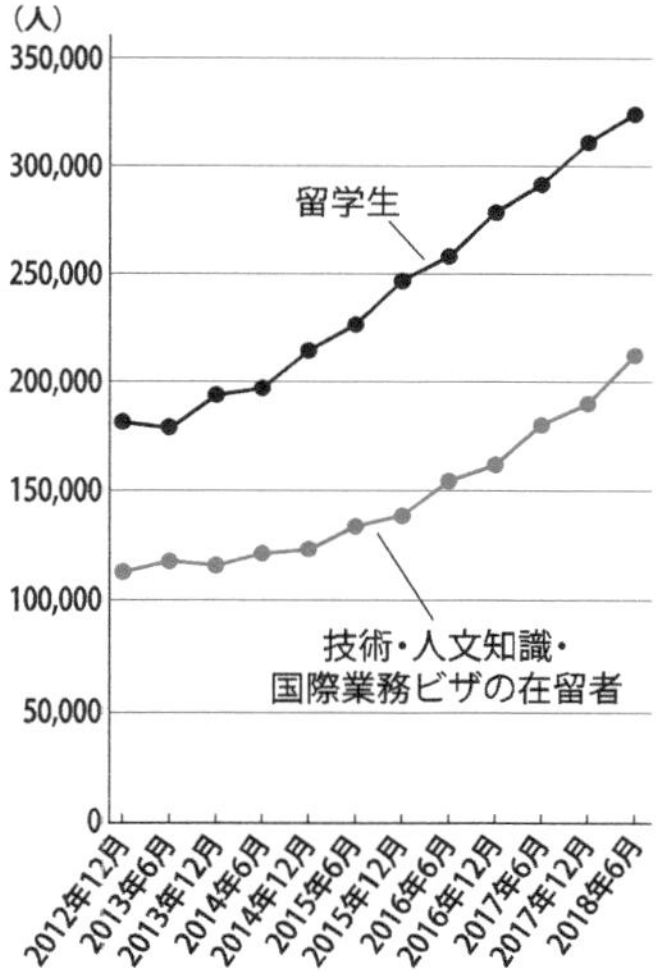

急増する留学生と就労（技人国）ビザ取得者（法務省「在留外国人統計」をもとに作成。2014年12月までは「技術」と「人文知識・国際業務」と別々に集計されていたため、合算した）

実習生と留学生は、本来の意味で「労働者」とは呼べない。そんな実習生と留学生が、外国人労働者全体の4割以上に上る現実が、政府の建前と本音、そして嘘と欺瞞《ぎまん》を象徴している。

「移民政策は取らない」

安倍首相は繰り返しそう述べる。確かに、日本に「移民政策」など存在しない。政策すらなく、移民への門戸が広がっている。

外国人労働者や移民の受け入れが進めば、国のかたちは一変する。欧米先進諸国では、移民受け入れに対する厳しい世論が急速に台頭しつつある。その流れに逆行し、日本は受け入れを増やそうとしている。

政府の嘘や欺瞞には国民も気づいている。気づいていながら傍観するだけだ。政府の発表、新聞やテレビの報道を見て、「人手不足なのだから仕方ない」と自らを納得させている。

しかし、人手不足の正体とは何なのだろうか。どんな職種で、いくら人が足りないのか。それは本当に外国人に頼るべき仕事なのか。そして日本で彼らに、いかなる役割を担ってもらうのか。そうした問題への分析や議論もなく、また政策や戦略も持たず、日本は「移民国家」への道を歩んでいる。そんな現状に、私は強い危惧《きぐ》を覚える。何も外国人の受け入れを頭ごなしに否定しているわけではない。だが、彼らの受け入れ現場で起きている実態は、まさにクライシスなのである。

「外国人労働者」をテーマに私が取材を始めたのは2007年のことだった。当時は今ほどに人手不足が叫ばれてはいなかった。翌08年には「リーマンショック」が起き、景気が悪化した。すると実習生や日系ブラジル人といった外国人労働者が減少に転じた。

外国人労働者が再び増え始めるのは、「東日本大震災」翌年の12年頃からである。増加が際立ったのが留学生だった。

背景にあるのが、安倍政権が「日本再興戦略」（成長戦略）に掲げる「留学生30万人計画」だ。福島第一原発事故の影響もあって、震災前には留学生全体の6割以上に上った中国人が日本から遠ざかり始めた。すると政府は同計画を実現しようと、留学ビザの発給基準を大幅に緩めた。そしてアジアの貧しい国々から、出稼ぎを目的にした〝偽装留学生〟の流入が始まる。その勢いは安倍政権下でどんどん加速し、「30万人計画」も２０２０年の目標を待たず達成された。

本書のテーマも〝偽装留学生〟である。彼らは多額の留学費用を借金して来日する。日本で働けば、簡単に返せると考えてのことだ。そんな彼らを、日本はあの手この手で都合よく利用している。

偽装留学生は、外国人労働者のなかでも最底辺の存在だ。借金返済のため、人手不足であっても実習生の受け入れが認められない仕事に明け暮れる。「週28時間以内」という法律の上限に違反し働いても、借金はなかなか減らない。稼いだ金を日本語学校などが学費で吸い上げるからだ。出稼ぎの目的も果たせず、かといって借金を返し終えるまでは国にも帰れない。実習制度に関し、米国務省などは「現代の奴隷労働」と批判するが、留学生の置かれた状況の方がよほど悲惨だ。

人身売買には、「借金漬けにしたうえでの強制労働」という定義がある。偽装留学生は誰に強制されたわけでもなく、自ら借金を背負い来日する。とはいえ、借金返済のため日本人の嫌がる仕事に追われる様は、「人身売買」の犠牲者と何ら変わらない。

偽装留学生の仕事先は、たいていは夜勤の肉体労働である。コンビニやスーパーで売られる弁当や総菜の製造工場、宅配便の仕分け、ホテルの掃除……。普通に暮らしていれば目に触れない場所で、偽装留学生は私たちの「便利で安価な暮らし」を支えている。

2016年に出版した前著「ルポ　ニッポン絶望工場」（講談社＋α新書）の冒頭で、私はこう書いた。

〈コンビニは24時間オープンしてもらいたい。

弁当はできるだけ安く買いたい。

宅配便は決まった時間にきちんと届けてもらいたい。

新聞は毎朝毎夕決まった時間に配達してほしい。

しかし、私たちが当たり前のように考えているそんな〝便利な生活〟は、もはや低賃金・重労働に耐えて働く外国人の存在がなければ成り立たなくなっている。いや、彼らがいなくなれば、たちまち立ちゆかなくなる。

そうした実態は、日本人にほとんど知られていないのではなかろうか。〉

出版から3年が経つが、偽装留学生の流入は止む気配がない。そんな彼らが、今後は続々と日本で移民になっていく。にもかかわらず、その境遇について私たちはあまりにも知らない。偽装留学生たちは、日本で暮らしていても日本人との関わりがほとんどない。不当な扱いや差別を受けても、日本語が不自由なため声すら上げられない。実習生をめぐる問題は頻繁に報じる新聞やテレビも、留学生には知らんぷりだ。そんな彼らの声なき声に耳を傾け、日本人が知らないところで起きている現実の是非を読者に問うのが本書の趣旨である。

最も多くの偽装留学生を送り出しているのがベトナムだ。現地では何が起き、どんな人が日本に渡ってきているのか。彼らが在籍する日本語学校やアルバイト先、都会から地方へと広がり始めた受け入れ現場の実態とは。そして留学生たちは何を思い、いったいどんな暮らしをしているのか――。

この本の取材を終えようとしていた2018年12月、日本語学校に在籍していたブータン人青年が、留学先の福岡市で自ら命を絶った。自国の政府とブローカーに騙《だま》され、日本へと「売られた」末の悲劇である。この事件が起きた経緯とブータン人留学生たちが日本で強いられることになった苦境については、第七章と第八章で詳しく述べる。

私が留学生問題を追うようになったきっかけは、2014年にベトナム人たちが働く新聞配達現場を取材したことだった。都会の新聞販売所は現在、最も人手不足が深刻な職場の1つとなっている。私たちの「便利で安価な暮らし」を支えている意味でも、新聞配達は外国人労働者の今を象徴する仕事といえる。そして偽装留学生問題が、世に知られない原因でもある。まずは、その現場から本書を書き始めていこうと思う。

移民クライシス　偽装留学生、奴隷労働の最前線　目次

第二章　「便利で安価な暮らし」を支える彼らの素顔

第九章　政官財の利権と移民クライシス……265

図版作成　フロマージュ／DTP　オノ・エーワン

第一章　「朝日新聞」が隠すベトナム人留学生の違法就労

「元日」に新聞配達するベトナム人たち

２０１８年１月１日午前１時20分――。年が明けたばかりの東京・世田谷区《せたがや》の住宅街に、近隣の寺から除夜の鐘の音が響き渡っている。

きれいな満月の夜だった。風はないが、気温は氷点下に近い。澄んだ空気が冷たく、自転車のハンドルを握る手が、軍手越しに痛んだ。

普段であれば、人気《ひとけ》の途絶える時間帯だ。しかし、この日は元日《がんじつ》とあって、若いカップルらが駅へと向かい歩いている。初詣《はつもうで》客のため、電車が終夜運行しているのだ。

そんななか、駅とは反対に自転車を走らせる若者がいた。新聞配達のため、販売所に集合していくベトナム人たちである。分厚いジャンパーに手袋、深めに帽子をかぶった姿からは、すれ違う人たちも彼らを外国人だと気づかないだろう。

ベトナム人たちは、線路近くのマンション前で自転車を止めた。1階には大きな看板が掛かっている。

〈ASA赤堤《あかつつみ》〉

「朝日新聞」の販売所だ。これから私は、この販売所で働くベトナム人の新聞配達に同行取材する。ベトナム人の新聞配達に密着するのは、4年振りのことだ。

当時から私は、日本で働く外国人の取材を続けていた。そんななか、以前から付き合いのあった朝日新聞販売所の関係者から、新聞配達の現場で働く外国人が増えているとの話を聞いた。彼らは朝日新聞の奨学生として「留学ビザ」を取得して来日し、日本人と同じように新聞配達をしているという。

朝日に限らず、全国紙には奨学生制度がある。もともとは地方の若者を対象に、新聞販売所に住み込んで仕事をしながら、東京など都市圏の大学や専門学校に通うためにつくられた。学費には奨学金が支給され、給与も出る。しかも住居も提供されるとあって、かつては地方の苦学生が多く利用していた。だが、人手不足が深刻化した今、学生には豊富なアルバイトがある。いくら衣食住が保証されるとはいえ、わざわざ「新聞配達」をやろうという若者は珍しい。そこで日本人に代わって、外国人が配達現場で増えている。

前回の取材から4年が経ち、配達現場の留学生は大幅に増えた。朝日新聞に限らず、「日本経済新聞」や「読売新聞」などの現場でもそうだ。コンビニやスーパーで売られる弁当の製造工場や宅配便の仕分け現場などと並び、都会の新聞配達は、留学生の労働力なしでは回らない典型的な職場となっている。

配達現場でとりわけ目立つのがベトナム人だ。その理由については後述するが、東京都内には配達員全てベトナム人留学生という販売所もある。ASA赤堤でも、7つの配達区域のうち5つはベトナム人が担っている。

そのうちの1人から半年ほど前、私のもとに連絡が入った。留学生のアルバイトとして「出入国管理及び難民認定法」（入管法）で認められた「週28時間以内」を上回る就労、さらには日本人との差別待遇を強いられているのだという。

違法就労問題は4年前の取材時にも取り上げていた。私は取材をもとに、朝日新聞販売所で横行するベトナム人の違法就労の実態を「週刊新潮」などで告発した。だが、それ以降も、問題は一向に改善していないようだ。

連絡を取ってきたファット君（仮名）とは、その後、定期的に会うことになった。そうして信頼関係をつくったうえで、彼に同行し、仕事を間近で見てみることにした。

4年前と同様、ベトナム人の新聞配達を自転車で追いかける。前回は販売所の経営者に協力してもらい、販売所を特定しない約束で同行取材を行なった。しかし、今回は販売所の許可を得ていない。状況を確かめた後、販売所の経営者に質問をぶつけるためである。

外国人奨学生が30万部を配達

午前2時35分——。販売所で新聞の積み込み作業を終えたファット君が、待ち合わせ場所に自転車で現れた。自転車のカゴと荷台には、これから配達する新聞が山積みになっている。

ファット君はベトナムで高校を卒業後、数カ月にわたって日本語学校に通った。そしてASA赤堤で働くため、２０１７年3月に来日した。在留資格は「留学」で、日本語学校に在籍している。

「何部？」

自転車に積まれた新聞を指差して尋ねてみた。来日して10カ月になるが、彼の日本語は簡単な会話がやっと成立する程度なのだ。

「あー、30（部）」

何とか通じたようで、すぐに答えが返ってくる。

「いつも、65（部）。土曜は、55（部）」

一度に自転車に載せられる新聞は、分量によって変わる。土曜の新聞は折り込み広告が多い。そしてこの日は元日ということで、いつもの2倍以上の重さがある。そのため自転車に積める部数が、平日の半分以下になってしまった。

ファット君の配達は手際よかった。普段より新聞が分厚いため、ポストに納まりきらないこともある。そんなときは2つに分け、丁寧かつ素早くポストに突っ込んでいく。

「今日は、ちょっと大変です……」

大きくため息をつきながら、自転車で後を追っている私に苦笑いの表情を向けてきた。ファット君が配達する新聞は、朝刊が約350部、夕刊も200部以上だ。留学生の新聞配達としては、平均よりも少し多い。

自転車に載せた新聞を配り終えると、配達区域内の中継地点に行く。そこには、販売所から新聞がまとめて届いている。今日に限っては、10回以上も中継地点へと向かうことになりそうだった。

ファット君は、朝日新聞と関係の深い「朝日奨学会」東京事務局から販売所に配属された「招聘《しょうへい》奨学生」の1人である。朝日奨学会による外国人奨学生の受け入れは、1982年に朝日新聞本社と中国の関係機関の友好事業として始まった。かつては中国に加え、モンゴルや韓国などからの受け入れが主流だったが、次第に希望者が減っていく。代わって増えたのがベトナム人だ。他の大手紙にも奨学会はあるが、外国人を組織的に受け入れているのは朝日奨学会だけだ。

近年、ベトナムでは日本へ留学する若者が急増している。その大半は、出稼ぎ目的で、多額の借金を背負い来日する〝偽装留学生〟である。一方、朝日の奨学生に限っては、偽装留学生とは呼べない。日本語学校の学費は負担してもらえ、アパートも提供されるうえに、月10万円以上の給与も受け取れる。ベトナム人にとっては、いっけん悪い条件ではない。

一方、日本人には新聞奨学生の成り手は少ない。朝日奨学会でも「首都圏の販売所に配属される日本人奨学生は毎年100人にも満たない」（朝日新聞販売所関係者）。そんな状況をベトナム人奨学生の増加が補っている。

朝日奨学会東京事務局では、毎年春と秋にベトナムから奨学生を受け入れる。その数は公表されていないが、関係者によれば、2017年は春と秋を合わせて300人近くが採用された。5年前の2012年の数からほぼ倍増である。18年はさらに増え、春だけで250人以上が来日することになった。

朝日奨学会の奨学生には、ベトナム人以外の外国人も数十名いる。また、奨学生とは別に個々の販売所が斡旋《あっせん》ブローカーを通じて採用する留学生も増えている。その数を合わせると、朝日新聞で働く外国人アルバイトの数は、ベトナム人を中心に首都圏で1000人近くに上るはずだ。1人当たり300部としても、朝日だけで30万部が外国人の手で配達されているわけだ。

電動アシストもない自転車で

午前3時半――。新聞の補充のため、ファット君が中継地点へと戻ってきた。そして新聞を自転車へと積み込むと、配達先の順序を「順路帳」で確認する。

中継地点は、駅や線路からも離れた住宅街のど真ん中にある。元日の早朝とはいえ、行き交う人もなく、シーンと静まり返っていた。

そんななか、道路脇にしゃがみ込み、配達経路が記号で記された順路帳に目をやっていたファット君の背後を、自転車で通り過ぎていく人の姿があった。前カゴに新聞を積んだ他紙の配達員である。

かなり太った中年の男性だが、軽々と自転車をこいでいる。よく見ると、胴体に電動アシストが付いている。ファット君が使っているのは、電動アシストのない古いタイプの自転車だ。

現在、新聞配達の現場では原付バイクが主流となっている。自転車の場合も、電動アシスト付きかどうかで、当然、体力の消耗は大きく違う。電動アシストのないものは珍しい。

ファット君が働くASA赤堤の日本人配達員も、原付バイクを使っている。しかしベトナム人奨学生たちには、電動アシスト自転車すら与えられていない。

ベトナム人だからといって、バイクに乗れないわけではない。朝日奨学会のベトナム人奨学生たちは皆、来日前に原付免許取得に向けた勉強をする。そして入国後、免許を取って販売所に配属される。

ファット君もベトナムで、4カ月にわたって免許取得のための勉強をしていた。しかし奨学会関係者と面接した際、配属先が自転車の販売所だと聞かされた。承諾するかどうか問われ、彼は「はい」と答えた。奨学生希望者は他に大勢いる。「嫌です」と答えれば、奨学生から外されるかもしれない。彼に選択肢はなかった。だが、日本に来て実際に体験すると、自転車での新聞配達は想像以上の厳しさだった。

ファット君は普段、午前2時半に店へと出勤する。新聞の積み込み作業などを終え、配達は午前3時から6時近くまで続く。約350部を3時間弱で、しかも自転車で配達できるのは、かなりの早業である。

そもそも、3時間にわたって自転車をこぎ続けるだけでも大変だ。新聞を目いっぱい積み、発進と停止をひたすら繰り返す作業は足に応《こた》える。私の自転車には新聞は積んでいない。車体もファット君のものよりずっと軽い、スポーツタイプの自転車である。それでも同行取材の最中には、途中でふくらはぎがつりそうになった。

朝刊の仕事を終えると、午前中は日本語学校で授業を受ける。その後、今度は夕刊の仕事がある。他の販売所の奨学生たちは、大半が原付バイクか電動アシスト自転車で配達している。事前に承諾したとはいえ、ファット君が差別待遇に不満を覚えるのも当然だろう。

ベトナム人奨学生に対する待遇差別は「自転車」だけではない。朝日奨学会の規定では、日本人奨学生には「隔週2日」で休みがある。しかし、ベトナム人には「週1日」だけだ。ASA赤堤に限らず、他の販売店でも同じである。そうした日本人との差別に対し、彼らは不満を口にはできない。販売所や奨学会とトラブルを起こし、ベトナムへと強制送還されることが怖いからだ。

「週28時間以内」で仕事は終わらない

午前6時――。少しずつ空に青みが増してきた。犬の散歩やジョギング姿の人も出始めた。ファット君の新聞配達も終わりが近づいている。

階段のないアパートの配達を終えた後、彼が大きく息を吐きながらつぶやいた。休憩も入れず、3時間半も走り続けているのだから無理もない。

「暑いです……」

配達中、気になっていたことがあった。周囲は真っ暗だというのに、ファット君は自転車のライトをつけていなかった。新聞の重量で重いペダルがさらに重くなることが嫌なのだろう。警察官に注意されないのかと尋ねると、ファット君は笑顔でこう返してきた。

「ケーサツの人、やさしい。いつも『おはようございまーす！』って（声をかけてくれる）」

警察もベトナム人の苦労を察し、目こぼしをしているのかもしれない。

「（ASA赤堤の）社長は、やさしい？」

少し意地悪な質問を投げかけてみると、ファット君はきっぱりこう答えた。

「いいえ、悪い人です」

他にも言いたいことがあるのだろうが、彼の語学力では難しい。ただし、そのひとことには、思いが凝縮されているようだった。

ファット君の配達は6時半過ぎに終了した。販売所での仕事を始めてから、すでに5時間が経っている。

線路にかかる歩道橋には、初日の出を撮影しようとする人たちの姿があった。駅周辺のバーからは、夜通し遊んでいた若者たちが道に飛び出してきた。そんな同世代の日本人の姿を横目に、ファット君は顔色ひとつ変えない。彼には初日の出を待つ余裕はない。すぐに店へと戻り、新聞の購読状況を「増減簿」に記す作業などが待っている。

こんな毎日をベトナム人奨学生は一年中続け、新聞配達の現場を支えている。元日のような祝日や日曜を除けば、夕刊配達の仕事もある。たとえ衣食住が保障されようと、日本人の若者が寄りつかないのもよくわかる。

日本語学校は冬休みの最中だ。普段は「週28時間以内」のアルバイトの法定上限も、冬休みや夏休みなど長期休暇には「週40時間以内」と延びる。しかし、たとえ仕事の時間が増えようと、ファット君の給与は変わらない。残業代が全く支払われないのである。残業代の未払いは、かつて実習生の間でよく問題となった。そうした実習生への人権侵害については、新聞やテレビも熱心に報じる。しかし、新聞配達の実態を報じるような大手メディアはない。

ベトナム人奨学生の給与は、残業の有無に関係なく固定給だ。その額は「週28時間以内」の就労が前提となっている。残業代を支払えば、販売所は法定上限を超える就労を認めたことになる。仕事が増えても法定上限を逆手に取り残業代を支払わないのだ。

「週28時間以内」を超える違法就労は、多くの新聞販売所で横行している。販売所の仕事には、配達以外にも広告の折り込み作業などがある。よほど店側が気をつけない限り、仕事は「週28時間以内」で終わらない。販売所の実状を多少でも知る人なら、誰でもわかることである。

この頃、ファット君の就労時間は、元日や雪の日など特別な事情がない限り、平均で週30時間程度だった。法律の上限は超えているが、他の販売所の奨学生と比較し、特別に多いわけでもない。自転車での配達という差別待遇はあったが、私はファット君の置かれた境遇について記事として取り上げ、告発することをためらっていた。

そんな状況が、同行取材から2カ月近く経った2018年2月末になって変わった。販売所が突然、ファット君の配達区域を広げたのである。結果、彼の就労時間が大幅に延びることになった。もちろん、残業代も支払われない。販売所の都合で、単に仕事だけが増えたのである。

「残紙」という古くて新しいタブー

配達区域が広がった後、ファット君に毎日の就労時間を細かく記録してもらった。たとえば、3月1日の仕事はこうなっている。

〈午前2時30分に販売所に出勤。

2時55分まで新聞の積み込み作業など。

3時10分から7時15分まで朝刊配達。

午後2時42分に出勤。

2時42分から5時5分まで夕刊配達。

増減簿記録など、配達以外の作業を終えて5時35分に退勤。〉

配達区域に不慣れなこともあって、朝刊配達だけで以前より1時間以上も余計にかかっている。ファット君は3月初めの1週間で40時間以上も働くことになった。

仕事を増やせば「週28時間以内」の法定上限を大きく超えることは、販売所もわかっていたはずだ。にもかかわらず、なぜファット君らベトナム人たちの仕事が増やされたのか。その背景には、新聞販売所の置かれた状況がある。

近年、販売所の経営は軒並み悪化している。購読者と折り込み広告の減少というダブルパンチの影響からだ。販売所にとって収入の2本柱である「購読料」と「広告料」が、ともに落ち込んでいる。そこに追い打ちをかけるのが、新聞業界の古くて新しいタブーと言える「残紙」の問題である。

販売所は、新聞社から実売以上の新聞を購入している。そして配達されず残った新聞が「残紙」と呼ばれる。新聞社は残紙を含めて販売部数として公表する。そのため残紙の数は新聞社にとっては極秘事項だが、実売部数に近いほどの残紙を抱える販売所もある。

数年前までは、残紙は販売所に利益をもたらした。残紙分を含めて、折り込み広告料の収入があったからだ。しかし折り込み広告が大幅に減り、残紙は販売所の経営を圧迫する元凶となった。だからといって、販売所は簡単には残紙を減らせない。新聞社との力関係が影響してのことだ。

最近では、経営悪化で統廃合に追い込まれる販売所も少なくない。各配達員の担当区域を広げる動きが増えているのも、人件費節約のためである。

ファット君が働くＡＳＡ赤堤でも２月末、７つの配達区域が６つになった。朝日新聞販売所関係者の間では、ＡＳＡ赤堤は「経営的には優良店」として知られている。伝統的に朝日新聞の強い地域に店があるからだ。それでも区域数を減らした。２人の日本人配達員のうち１人が抜け、ベトナム人奨学生５人と日本人１人で６つの区域を担当することになったのだ。

区域統合によって、ファット君の配達部数は朝夕刊とも数十部が増えた。朝刊に至っては４００部近い。他の販売所の奨学生と比べても平均以上の数である。しかも配達には、電動アシストすら付いていない自転車しか使えない。

区域が変わると、配達の順路を新たに覚える必要がある。以前よりも配達に手間取り、就労時間が大幅に増えたのも無理はない。それもあくまで販売所の都合だが、残業代は全く支払われない。

しばらくするとファット君は新しい区域に慣れ、就労時間は週32～33時間程度まで減った。日本語学校の授業に遅れまいと、必死で配達するからだ。だが、「週28時間以内」を超える就労に変わりない。

人件費を節約したい販売所にとって、ファット君のような外国人は格好の存在だ。彼の手取り給料は月11万円ほどに過ぎない。奨学金やアパート代などは販売所の負担だが、それでも日本人を雇うよりはずっと安い。

朝日奨学会から他店に配属されたベトナム人奨学生は、多くが1人部屋のアパートを充てがわれている。しかし、ファット君の場合は、2DKのアパートに同僚と2人暮らしだ。

そのアパートを私は夏に初めて訪ねた。古い物件で、台所では小バエが飛び回っていた。前任のベトナム人奨学生が退去した後も、掃除すらされていなかったという。自転車での配達しかり、販売所は何から何まで安上がりに済ませようとしている。

残業代にしろそうだ。ひとたびベトナム人を採用すれば、残業代すら払わず仕事を増やせてしまう。これでは販売所のやりたい放題である。

販売所と朝日奨学会の素っ気ない回答

ASA赤堤は、ベトナム人奨学生の労働環境をどう考えているのか。所長（経営者）の塚本裕子氏に対し、私が連載「『人手不足』と外国人」を執筆している新潮社のニュースサイト「フォーサイト」編集部を通じ、以下の質問事項とともに取材を申し込んだ。

(1)ベトナム人奨学生を採用した理由。

(2)配達区域を7つから6つに統合した理由。

(3)ベトナム人奨学生のみ自転車で配達している理由。
(4)朝日奨学会では奨学生の休日を隔週2日（4週6休）と定めているが、ベトナム人奨学生には週1日しか休日が与えられない理由。
(5)ベトナム人奨学生の「週28時間以内」を超える就労への見解。

塚本氏は対面でのインタビューには応じず、次のような回答をファクスで送ってきた。
〈日本で、働きながら勉強している学生を応援する為に採用しています。
今後とも、法律を守るように務めます。〉

これが私の質問に対する回答の全文である。個々の質問には全く答えていない。「週28時間以内」を超える違法就労に関しても、〈今後とも、法律を守る〉と言うだけで、明確に否定もしていない。

ASA赤堤では、実は前年の2017年にも問題が起きている。自転車での配達に対し、ファット君らの先輩のベトナム人奨学生から不満の声が上がった。そして朝日奨学会が間に入り、彼らは別の朝日新聞販売所へと移された。その後、新たに配属されたのが、ファット君ら5人の奨学生なのである。朝日新聞販売所関係者が言う。
「赤堤は関係者の間でも知られた問題の多い店なのです。それなのに、朝日奨学会はベトナム人奨学生を送り込み続けている。今どき自転車で配達をさせるなど、ベトナム人たちがかわいそうですよ」

ASA赤堤の問題に関し、朝日奨学会東京事務局にも認識を問うてみた。フォーサイト編集部を通じ、同事務局に送った質問は次の通りである。

(1)ベトナム人を含めた外国人と日本人奨学生の2017年の採用実績。

(2)今年の採用予定数。

(3)ASA赤堤でベトナム人奨学生だけが自転車での配達を強いられていることへの見解。

(4)奨学会が奨学生の休日を「隔週2日」と定めているのに対し、ベトナム人奨学生が週1日しか休日を与えられないことへの見解。

(5)ASA赤堤でベトナム人奨学生が「週28時間以内」を超える違法就労に就いていることへの見解。

ASA赤堤と同様、朝日奨学会東京事務局もインタビューを拒否し、書面で回答してきた。

(1)と(2)の質問に関しては、公表していないのだという。しかし朝日販売所関係者への取材を通じ、ベトナム人奨学生の数が日本人をはるかに上回ることは判明している。(3)〜(5)の質問には、まとめてこんな回答があった。

〈外国人奨学生が在店する朝日新聞販売所(ASA)には、「毎週少なくとも1回の休日を与えなければならない」とする労働基準法や「週に28時間以内」の勤務時間を定めた入国管理法などの遵守を、日頃からさまざまな場で呼びかけています。ASAはそれぞれが独立した企業ですので、個々のASAでの労働環境について逐一把握しているわけではありませんが、外国

人奨学生から相談があった場合は、奨学会として真摯《しんし》に対応しています。〉

同事務局とのやり取りは、私が２０１４年に「週刊新潮」で同じテーマの取材を行なったときにもあった。その際にも、日本人とベトナム人奨学生の間の休日差別に関して尋ねたが、同事務局は「招聘《しょうへい》外国人奨学生の文化・生活習慣を考慮して、日本人奨学生と異なる要項に基づいて受け入れています」と主張していた。外国人には日本人ほど休日を取る「生活習慣」がないのかと呆《あき》れ返ったものだ。

そして今回は「労働基準法」を持ち出し、やはりベトナム人に対する差別待遇を正当化する。奨学会が定める「隔週2日」の休日は日本人奨学生のみが対象であって、ベトナム人には当てはまらないというのだ。

自転車での配達問題には触れてもいない。これでは奨学会として差別待遇を容認しているに等しい。

朝日奨学会事務局は、〈外国人奨学生から相談があった場合は、奨学会として真摯に対応しています。〉という。だが、これは嘘だ。18年2月末に配達区域が広がった後、ＡＳＡ赤堤のベトナム人奨学生たちは、奨学会担当者に相談している。自転車での配達についても、ずっと以前から改善を求めているのだ。しかし、何も対応が取られなかった。だから私のような部外者に対し、悲鳴にも似た訴えが届く。

取材への回答が示すように、ＡＳＡ赤堤や朝日奨学会には、現状を改めようとする気はなさそうだった。そして朝日新聞本社もまた、知らんぷりを決め込んでいる。

朝日新聞にとって、朝日奨学会は「天下り先」の1つとなっている。質問に回答してきた同東京事務局の事務局長は、朝日新聞本社からの出向者だ。歴代の専務理事も朝日新聞出身である。その意味では、朝日新聞にも見解を問うべきなのかもしれない。

だが、2014年に朝日新聞販売局に取材を申し込んだ際には、朝日奨学会へと回された。そんな過去もあって、今回は朝日新聞本社には取材を申請しなかった。

朝日に限らず新聞社は、自らの販売所で不祥事が起きるたび、本社とは関係のない「独立した企業」、「取引先」の問題だとして逃げる。しかし外国人奨学生の受け入れ制度は、朝日新聞本社がつくったものである。そして何より、ベトナム人奨学生の労働力によって、朝日新聞は販売所と同様に恩恵を受けている。

留学生の違法就労は、何も朝日の販売所に限った問題ではない。だが、これほどまで配達現場で留学生が増えたのは、朝日のつくった奨学生制度の〝成功〟があったからだ。その意味でも、朝日は率先して違法就労の是正に努めるべきではないのか。

「朝日新聞」の欺瞞

朝日新聞の紙面では、外国人労働者を擁護する記事が目立つ。決まって外国人を弱者と位置づけ、彼らの権利を守れと主張することが多い。

2018年1月から3月にかけての電子版「GLOBE+」で連載された「求む　外国人労働者」（計7回）は、そうした視点で書かれた記事の典型だった。後半3回は「技能実習の闇」と題し、ベトナム人実習生を制度の被害者として描いている。そこでは実習制度を「人をだます制度」と批判しているが、自らの配達現場で起きていることはどうなのか。同じベトナム人が、ある意味、実習生よりもひどい扱いを受けているのだ。彼らの直面する「闇」をどう考えるのか、連載を担当した記者に尋ねてみたいものである。

前回14年の取材時、こんなことがあった。朝日新聞広報部に取材を申し込んだこともあって、私が「週刊新潮」でベトナム人奨学生問題を追っていることが朝日本社に漏れた。すると朝日新聞は、私に対する「カウンター」の企画を紙面に掲載しようとした。

OBを含めたベトナム人奨学生で座談会を開き、「朝日新聞の配達現場で奮闘するベトナム人奨学生」というスタンスで、彼らがいかに朝日に恩義を感じているかを語らせ、記事にしようとしたのだ。座談会に呼ばれたベトナム人の元奨学生の1人から聞いているので間違いない。座談会の司会をさせるため、朝日新聞はベトナム駐在の記者まで東京に呼び戻したほどだ。

結局、座談会は紙面には載らなかった。週刊新潮に発表した私の記事が、大した影響もないと判断してのことだろう。確かに、週刊誌の記事は、影響力の点で朝日のような大新聞とは比べものにならない。しかもベトナム人らの違法就労問題は、朝日に限らず他の全国紙も抱えている。無名のフリージャーナリストが寄稿した週刊誌の記事など、無視できると考えても当然かもしれない。そもそも新聞配達のベトナム人がどんな目に遭っていようが、よほど奇特な人でなければ関心も抱かないだろう。

朝日の電子版「GLOBE+」の連載が象徴するように、全国紙は朝日新聞から産経新聞に至るまで、外国人実習生に関しては頻繁に取り上げる。いずれも実習生に対して同情的で、また実習制度を批判する報道が目立つ。一方で、留学生問題についてはほとんど報じない。明らかに「ダブル・スタンダード」がまかり通っているのである。

その理由は簡単だ。自らの配達現場は、留学生に違法就労を強いて成り立っている。そんななか、留学生問題に触れれば、配達現場に火の粉が及ぶ。それを新聞社は恐れている。

「西日本新聞」だけが切り込めた理由

一方、偽装留学生問題に切り込み、大きな反響を呼んだ新聞がある。福岡市に本社を置く九州のブロック紙「西日本新聞」だ。

同紙には、2016年暮れから「出稼ぎ留学生」という連載が掲載された。偽装留学生の送り出しでベトナムに次ぐ存在となったネパールに焦点を当て、現地取材など交えて実態を報じたものだ。連載は翌17年、「新　移民時代」というタイトルで明石書店から単行本として出版され、同年度の「早稲田ジャーナリズム大賞」も受賞した。

西日本新聞の連載は、同紙のネット版にも掲載され、関係者の間で拡散した。ブロック紙とはいえ、新聞というメディアの影響は雑誌の比ではなかった。結果、一部の入管で、ネパール人留学生に対するビザ交付率が大きく下がったことは、関係者の間で知られた話だ。

連載が終了した後、私は同紙の担当記者と共通の知人を介して会う機会があった。その際、記者に対し、新聞業界のタブーである偽装留学生問題に切り込めた理由を尋ねてみた。なぜ、西日本新聞だけに可能だったのか、同じテーマに関心を持つ取材者として単純に知りたかった。すると記者からはこんな説明があった。

連載を開始する前、自らの販売局に配達現場で外国人留学生が働いていないかどうかを確認したのだという。西日本新聞には夕刊がある。朝夕刊を配達すれば、留学生に許される「週28時間以内」では仕事は終わらない。販売局からの答えは、「外国人はいない」というものだった。そして、めでたく連載にゴーサインが出たのだという。あまりに正直な告白を聞き、私は思わず吹き出しそうになった。

西日本新聞の連載以降、「出稼ぎ留学生」という言葉が全国紙でも使われることが増えていった。その1つが「日本経済新聞」である。ただし、日経の場合は、決まって「出稼ぎ留学生」は留学生全体の一部に過ぎない、というトーンで使う。経済界の意向に沿うかたちで、留学生の就職率アップを強力に後押ししている同紙としては、できるだけ偽装留学生問題に蓋《ふた》をしたいのだ。

一方、トンチンカンぶりを発揮しているのが「毎日新聞」だ。2017年1月にウェブ版に掲載された連載「ニッポンの今」では、偽装留学生を「勤労留学生」と表現し、出稼ぎ目的の留学生の急増ぶりを伝えている。

「偽装」と「勤労」では、全くニュアンスが違ってくる。朝日と同様、〝人権派〟として通る毎日としては、見方次第で悪意が含まれる「偽装」はおろか、「出稼ぎ」という言葉すら使いたくなかったのかもしれない。だが、急増が続く偽装留学生は、決して「勤労留学生」と呼べるような存在ではない。

ベトナムからの偽装留学生が急速に増え始めた2012年頃には、「日本に留学すれば20万～30万円は簡単に稼げる」といったブローカーの甘い言葉を信じ、借金を背負い来日する若者が多かった。彼らはブローカーに騙《だま》されていたのである。しかし、フェイスブックなどのSNSを通じ、すでに日本の情報は行き渡っている。最近は騙されて偽装留学生となる者は珍しい。日本で厳しい暮らしが待っていると知ってなお、彼らは自ら出稼ぎのため「留学」する。無垢《むく》なイメージの「勤労留学生」とは違うのである。

ちなみに全国紙で唯一、「偽装留学生」という言葉を紙面で使う新聞がある。自他ともに認める保守派の「産経新聞」がそうだ。東日本で夕刊を持たない産経は、全国紙として例外的に留学生の違法就労問題を抱えていない。そんな事情も影響してのことかもしれない。

「入管法」と「労働基準法」に違反

留学生の違法就労に関しては、警察の取り締まりも次第に厳しくなっている。たとえば２０１７年11月には、有名ラーメンチェーンの「一蘭」で勤務していたベトナム人の元留学生が、大阪府警に入管法違反（資格外活動）容疑で逮捕された。「週28時間以内」という法律の上限に違反して働いていたからだ。その後、翌18年3月には、一蘭の社長を含む7人の社員と同社が、同法違反（不法就労助長）で書類送検されることになった。

　私が取材したＡＳＡ赤堤のケースはどうなのか。外国人労働者問題に詳しい指宿昭一《いぶすきしょういち》弁護士に尋ねてみると、こんな見解が返ってきた。

「入管法上は、週28時間を超える就労は労使（ベトナム人奨学生とＡＳＡ赤堤）ともども違反です。ただし、ベトナム人奨学生たちが仕事を強制されているのであれば、彼らは罪に問えないはずです」

　ＡＳＡ赤堤のような新聞販売所は、摘発された一蘭よりも明らかに悪質である。一蘭の場合は、違法就労を強要したわけではないはずだ。残業代も支払っていたと思われる。一方、ＡＳＡ赤堤のベトナム人たちは、28時間を超える違法就労を拒否する権限もなく、また残業代も払われていない。指宿弁護士が続ける。

「入管法に違反する就労であっても、労働基準法によって雇用する側には残業代を支払う義務が生じます。たとえオーバーステイ（不法残留）の外国人であろうと、賃金を支払わなければ労働基準法違反となる」

つまり、ASA赤堤は入管法に加え、労働基準法にも違反しているわけだ。しかも同様の違反行為は、他の多くの販売所でもある。そんな状況にあっても、新聞販売所で働く外国人は、労働基準監督署など公的機関に駆け込むことはない。入管法違反に問われ、日本から退去になることを恐れるからだ。そこに付け込み、販売所は外国人を酷使している。

違法就労を認めた販売所

ASA赤堤におけるベトナム人奨学生の違法就労問題について、私は2018年4月11日、まずフォーサイトに寄稿した。いったんは躊躇《ためら》った記事化を決断したのは、2月末にベトナム人たちの配達区域が広げられたからである。

さらに約2週間後の4月26日と27日、別のネットメディア「プレジデントオンライン」にもASA赤堤の実名を挙げ、問題を告発した。フォーサイトは有料会員向けサイトだが、プレジデントオンラインの場合は、会員登録すればすべての記事が無料で読める。その影響は大きかった。もちろん、フォーサイトの記事もASA赤堤や朝日奨学会は目にしている。だが、ASA赤堤でベトナム人奨学生に招集がかけられたのは、プレジデントの記事が出た直後の4月末のことだった。

ファット君は気が気ではなかった。私の記事には、下半身だけとはいえ、配達時の写真が使われている。ジャーナリストにタレ込んだことがバレて、販売所に咎《とが》められるかもしれない。

場合によっては、ベトナムへと強制送還される危険もあった。そんな権利も販売所は握っている。彼が不安を抱くのも当然だった。

しかし、販売所の業務を取り仕切る店長は、ファット君らに意外な言葉を投げかけてきた。

「これまでは（ベトナム人奨学生たちの就労時間が）週28時間を超えていたので、今後は夕刊の配達を週1日減らすことにします」

あまりに突然の話に、ファット君は驚くだけだった。彼の日本語能力は、通訳なしの場面で簡単な会話が成立するレベルである。店長の言葉を、一言一句違《たが》わず聞き取ったわけではない。それでも販売所側が、違法就労を認めた事実は理解できた。認めていなければ、ベトナム人たちの仕事を減らす必要もない。

ASA赤堤を経営する所長の塚本裕子氏は、私の取材に文書で短くこう返答していた。

〈今後とも、法律を守るように務めます。〉

〈今後とも〉には、法律違反はしていないとの主張が込められている。しかし、一連の記事によって、違反を認めざるを得なくなったのだ。

それまでベトナム人奨学生たちは、朝刊を週6日、夕刊は日曜を除く週5日配達していた。そこから夕刊配達が週1日減り、4日となる。加えて、新聞広告の折り込みなど周辺業務も免除されるという。彼らの仕事が「週28時間以内」で終わるよう調整したわけだ。

店長からは、他にも交通ルールの説明などもなされた。ファット君によれば、少し前にベトナム人奨学生の1人が仕事中に接触事故を起こしたのだという。その事件が影響してのことのようだ。

説明を終えると、店長は5人に署名を求めてきた。彼らには仕事の減免のこと以外、日本語での店長の説明が十分に理解できてはいなかった。それでも指示されるまま、〈店長の意見はわかりました。〉と書き添え、日付とともにサインした。署名すれば仕事が減ると思い、素直に応じたのだった。

署名した用紙はベトナム人には渡されず、そこに何が書かれていたのかはわからない。未払いの残業代についても、要求しない旨が記してあった可能性もある。しかし、そんなことまで彼らの考えは及ばない。

ASA赤堤としては、ベトナム人奨学生の就労時間を「週28時間以内」に収め、すべての問題を終結させようとしたのかもしれない。しかし、それでは終わらなかった。

電動アシスト自転車の導入

ゴールデンウィーク谷間の5月1日、朝日奨学会の担当者2人が、ファット君ら5人の通う日本語学校を訪ねてきた。うちの1人はベトナム人職員である。そしてASA赤堤の労働環境について、5人にベトナム語での聞き取りがなされた。

現在の就労時間や配達部数などについて質問を受けた後、ベトナム人職員が仕事上での要望も尋ねてきた。そこで5人は、配達時に「電動アシスト自転車」を導入してほしいと求めた。

ＡＳＡ赤堤の日本人配達員たちは原付バイクを使っている。できれば自分たちも日本人と同じように、原付バイクを使いたい。だが、免許の取得には時間がかかる。また、販売所の負担も原付バイクより軽くなるため、要望が受け入れてもらえる可能性も高い。そんな事情を考えたうえでの、彼らなりの「妥協案」だった。

もちろん、電動アシスト自転車以外にも、奨学会に対して言いたいことはたくさんある。しかしベトナム人奨学生たちは、そもそも奨学会を信用していない。

彼らが不信感を抱くのも無理はない。奨学会から他の販売所に配属されたベトナム人奨学生は、大半が原付バイクか電動アシスト自転車で仕事をしている。自分たちに限って電動なしの自転車しか与えられていないことに対し、彼らは以前から奨学会に訴えていた。だが、いくら訴えても対処してはくれなかった。

奨学会は私の取材には、こう答えていた。

〈個々のＡＳＡの労働環境について逐一把握しているわけではありませんが、外国人奨学生から相談があった場合は、奨学会として真摯に対応しています。〉

こんな文章をベトナム人に見せれば、皆、呆れ返るに違いない。彼らは奨学会が、自分たちよりも販売所の味方だとわかっている。そうした思いは、何もＡＳＡ赤堤のベトナム人たちに限った話ではない。しかし今回、ＡＳＡ赤堤で起きた問題に限っては、奨学会もベトナム人のために動かざるを得なかったようだ。

翌5月2日、ファット君は販売所に行って驚いた。敷地内に新品の電動アシスト自転車が置いてあったからだ。ちょうど5人分の5台が揃えてある。ただし、販売所からは何も話はない。

それから約1週間後、月の給料日に当たる5月10日、ASA赤堤でベトナム人奨学生たちが再び集められた。そこには奨学会のベトナム人職員の姿もある。その席で店長は、5月15日から電動アシスト自転車を使わせると宣言した。

朝日新聞販売所関係者によれば、電動アシスト自転車の導入には、朝日新聞本社からの指導もあったという。4年前に私が告発した際には無視を決め込んだ本社販売局の幹部たちも、今度ばかりは放置できないと考えたようだ。ASA赤堤が5月2日時点で自転車を用意しながら、2週間近く放置された理由はわからない。

店長からは、〈電動自転車導入について交通ルールの再確認〉、〈仕事の注意、私生活についての再確認〉と題した紙も配られた。注意事項が日本語で細かく書かれていて、たとえば〈私生活の再確認〉には、〈店の指示、指導を理解してしたがうこと。〉との文言もある。仕事を減らしたうえ、電動アシスト自転車まで購入したのだから、これ以上は文句を言うなとの意味なのかもしれない。そして前回と同様、再び用紙に署名することになった。

それでも残業代は支払われない

仕事が減ったことで、ファット君らの就労時間は「週28時間以内」に収まった。また、配達には電動アシスト自転車を使えるようにもなった。だが、これですべて解決なのだろうか。

ファット君ら5人のベトナム人奨学生は、1年以上にわたって違法就労と差別待遇を強いられた。その点に関し、塚本氏らASA赤堤側から謝罪の言葉は一切ない。週28時間を超えた部分の残業は、累計で1000時間近くに上るはずだ。そのぶんの残業代が支払われる気配も全くない。

「週28時間以内」を超える違法就労は、ASA赤堤だけの問題ではない。私は過去4年間で、OBを含めベトナム人奨学生だけで50人以上のベトナム人に取材してきたが、「週28時間以内」で仕事を終えていた者には1人も出会っていない。塚本氏らには、「なぜ、自分たちだけが叩《たた》かれるのか」との思いもあっただろう。

朝日奨学会は、販売所で常態化している違法就労に関し、法律を守るよう〈日頃からさまざまな場で呼びかけています。〉と言う。その言葉からは、問題を真剣に改善しようという思いは微塵《みじん》も感じられない。私が問題を初めて告発してから4年以上が経つが、状況は全く改善していないのだ。一方で、奨学会が採用する外国人の数は右肩上がりで増加を続け、最近ではベトナム以外に、ネパールなどの出身者も増えている。

ベトナム人ら外国人奨学生の違法就労をなくすことは簡単である。ASA赤堤がやったように、夕刊配達や周辺業務を減免すればすむ。そのことを奨学会がルールとして定め、外国人奨学生の就労時間を法定上限内に収めると誓約した販売所に対してのみ、ベトナム人を配属すればよいのである。

もちろん、そうなると販売所の負担は増える。ＡＳＡ赤堤もベトナム人に減免した仕事は、「臨配」と呼ばれる外部業者に頼ることになった。新聞販売所の経営は軒並み苦しく、統廃合も相次いでいる。ベトナム人らの待遇を改善すれば、人件費は増え、さらに経営を圧迫するだろう。そもそも経営難ゆえに、販売所は安価な外国人の労働力に頼りたいのだ。

「夕刊」を廃止すれば問題は解決する

ベトナム人奨学生への「差別待遇」は、ＡＳＡ赤堤の自転車での配達問題に限っては解決された。とはいえ、朝日奨学会が制度として認める差別はまだ残っている。日本人奨学生は「隔週2日（4週6休）」で取れる休日が、外国人奨学生には「週1日」しか与えられない。

奨学会としては、「身内」である販売所の人手不足解消を優先したい。奨学金を負担しているのも個々の販売所だ。ベトナム人らを〝多少〟差別したところで、やむを得ないと考えているのかもしれない。そんな日本側の事情に、ベトナム人たちも気づいている。

ＡＳＡ赤堤に関する記事を発表して以来、私のもとには以前取材したベトナム人の元奨学生たちから多くの連絡があった。そのほとんどは、自らが被った理不尽な体験に関する訴えである。

うちの1人で、関東の大学に通うハイ君（仮名）は、大学の授業で提出したレポートを私に送ってきてくれた。奨学生当時の体験を綴《つづ》ったものだ。少し長いが、彼らの正直な思いが伝わってくるものなので、以下、全文を引用しておく。

〈私は6年前に朝日新聞の奨学生として日本に来た。「奨学生」という響きはよいが、実際には労働者である。契約内容は、奨学金を受け取りながら日本語学校に通い、朝日新聞の朝刊と夕刊を配るというものだ。仕事は週6回、仕事は1日約5時間程度である。

契約によると1週間の労働時間は約30時間、留学生の労働できる28時間近くで収まるはずだった。しかし、実際毎日の仕事は朝2時から6時半まで、午後2時から5時半まで、1週間の労働時間は40時間以上になった。広告の折り込みという作業も週1、2回あった。この作業は日本人の配達員もやることになっていたが、実際には留学生の仕事になった。夕刊配達が終わった後、夜の10時過ぎまで折り込み作業をした日もあった。もちろん、残業代を払ってくれることは1回もなかった。

朝日奨学会には外国人奨学生の担当者もいて、私たちの相談に乗ってくれることになっていた。しかし、私たちが相談しても、「仕方がない」「頑張るしかない」といった答えしか返ってこなかった。私は最初の1年間、一度も日本語学校を休まなかった。そうして結果を残した後、販売所の労働条件について再び奨学会の担当者に相談した。すると今度は、「ちゃんと学校に来られるから問題ないじゃないか」と言われてしまった。学校に行けなくなるまで奨学会はなにも行動を取ってくれないということなのか、私は怒りを覚えた。実際、同じ店で働くベトナム人奨学生の先輩や同級生には、仕事の大変さに加え、販売所の日本人から暴行を受け、学校に行けなくなったり、帰国した人もいた。

働く環境も最悪だった。新聞配達は原付バイクを使った。法律では原付に積める荷物の量は最大30キログラムと決まっているが、実際はそれ以上の新聞を積んでいた。それでも、誰も気にしていなかった。バイクの整備状態も最悪で、タイヤは内部の布が見えるまで減っていても、パンクするまで交換してくれなかった。仕事がいそがしいときには、日本語学校を休まなければならないこともあった。

一番大変だったのは2013年12月の大雪の時だった。12月13日（金曜日）の朝から雪が降りはじめ、朝刊配達が終わったのは7時だった、学校から帰ったら再びすぐに出勤し夕刊の準備をした。大雪のため夕刊配達が終わったのは夜の8時だった。しかも翌日（土曜日）の広告折り込み作業があるため、その後も仕事は続いた。いくら忙しくても、折り込み作業をするのは留学生だけだった。深夜に折り込み作業を終えると、土曜日の朝刊、土曜日の夕刊、日曜日の朝刊という配達の仕事が休みもなく続いた。自分が担当した区域は山の方で雪が高く積もったため、バイクも使えず歩いて配った。仕事が終わったのは15日（日曜日）の11時、合計約45時間連続の労働だった。

朝日新聞と契約した以上、新聞配達の仕事を辞めると帰国の選択しかなかった。2年間の契約が終わって、また朝日と契約する人もいるが、私は朝日新聞の配達を辞めることを決めた。今でも、それは自分の一番正しい選択だったと思う。

朝日新聞販売所の全部が悪いわけではない、大学生になっても、朝日新聞の奨学生をやり続けている後輩もいる。しかし、私の知り合い中で、新聞配達はいい仕事、新聞販売所はいいところと言う人は1割もいない。私にとって朝日奨学会は、「奨学会」という仮面をかぶって、実際には新聞販売所で奴隷のように働く外国人を求め、ベトナム人の人身売買をやっている団体だとしか思えない。〉

レポートの最後に記された「奴隷」「人身売買」という言葉が、とりわけ重く響く。この文章を読み、朝日奨学会、そして朝日新聞の幹部は何を思うのだろうか。

奨学会がベトナム人に対して門戸を開いていなければ、ハイ君が日本に留学することも不可能だったかもしれない。また、多額の借金を背負い来日する大多数の偽装留学生よりも、朝日の奨学生の待遇はずっと「マシ」でもある。とはいえ、彼の文章からも、制度に改善の余地があることは明らかだ。

朝日奨学会が採用するベトナム人たちには、母国でトップレベルの大学を卒業しているような人材も含まれる。そんなエリートの彼らが販売所に配属された途端、日本語が不自由な外国人というだけで、日本人の同僚から罵倒《ばとう》される。ひどいケースになると、日本人から暴行を受けることまである。たとえ厳しい仕事だとわかって来日していても、ベトナム人たちが自らの境遇を嘆き、また怒りを覚えるのも当然である。だからといってどうすることもできない。問題を起こせば、強制帰国しか道はないからだ。

そうした状況のなかで、ベトナム人を始めとする外国人奨学生が増え続けている。朝日奨学会の「成功」によって、他紙の配達現場でも、来日後にアルバイトとして雇われる留学生が急増中だ。「週28時間以内」を超える違法就労の問題を抱えながらのことである。

朝日には、違法就労問題のみならず、販売所の苦境までも救える手段がある。それは夕刊を廃止することだ。夕刊がなくなれば、販売所で働く外国人の就労時間は「週28時間以内」で収まる。また、人手不足も緩和され、販売所の経営も大きく改善するに違いない。

販売所の収入である購読料は、朝夕刊セットの地域が1部4037円、朝刊のみの地域だと3093円だ。1部につき1000円弱の収入を得るため、販売所は1日二度の配達を強いられ、人手も確保する必要に迫られている。

弱い者を叩く国

こうして私が、朝日新聞のベトナム人奨学生問題をしつこく追及するのには理由がある。まず、ベトナムで巻き起きる日本への「留学ブーム」の火付け役となったのが朝日だからだ。

朝日奨学会によるベトナム人奨学生の受け入れは1990年代始めに始まった。ある販売店経営者が「ベトナムの若者にチャンスを与えたい」と考え、ベトナムの日本語学校と提携関係を築き、奨学会とも話をつけてのことだ。ベトナム人にとって海外留学など、政府関係者の子弟でもなければ難しい頃の話である。

当時は販売所で人手不足が進んでいたわけでもなく、奨学生にしても働くことよりも勉強が目的だった。その後、日本では多くの職種で人手不足が進み、留学生アルバイトの活用が進んだ。するとベトナムでも、朝日が持ち込んだ「日本に留学すれば働ける」というシステムに注目が集まっていく。そしてベトナム人の若者に対して出稼ぎ目的の「留学」を斡旋する業者がどんどん誕生し、「偽装留学生」といういびつなシステムが広まった。そんな経緯からも、朝日には他紙にも増して、現在の偽装留学生問題を解決すべき責任がある。

さらに言えば、朝日とベトナム人奨学生の問題は、日本で働く外国人労働者の多くが強いられる現状の象徴でもある。

販売所や奨学会は、受け入れたベトナム人奨学生に問題があれば、母国へと強制送還することができる。偽装留学生が在籍する日本語学校、また実習生の就労先となる企業が、強制送還の権利を持っているのと同じだ。だから留学生や実習生は、朝日のベトナム人奨学生がそうであるように、不当な扱いを受けても耐えるしかない。

ただし、実習生の場合は、最近ではNGOや労働組合が救済に乗り出している。新聞やテレビが実習制度の問題を頻繁に報じた結果、少なくとも実習生たちが声を上げやすい状況は生まれた。

一方で、留学生には救いの手が差し伸べられてはいない。出稼ぎ目的の偽装留学生たちは、大半が「週28時間以内」という法定上限を超えて働いている。そうした不法就労への後ろめたさから、苦しい立場に追いやられているのだ。

実習生や留学生は、大企業の下請けを担う会社や零細企業、農家で働くことが多い。その点も、ベトナム人たちが働く新聞販売所と新聞社の関係に似ている。新聞社は販売所を「取引先」と位置づけるが、明らかに上下関係は存在する。

下請けや零細企業は、大企業に比べて総じて賃金が低く、人手不足に陥りやすい。販売所で起きている人手不足も、低賃金と重労働が大きな原因だ。そこで安価な労働力を求め、外国人労働者に頼ってしまう。そして違法就労を強いるようなことも生まれるのだ。

「弱い者達が夕暮れ、さらに弱い者をたたく――」。30年前のバブル期、人気ロックグループ「ザ・ブルーハーツ」は「TRAIN-TRAIN」でそう歌った。時代は移り、日本は高齢化社会に突入した。国としての「夕暮れ」である。そんななか、日本人の働き手にソッポを向かれた「弱い」企業が何とか生き残ろうと、外国人労働者という「さらに弱い者」を食い物にする。新聞販売所とベトナム人奨学生の関係は、まさにその象徴といえる。

違法就労と差別待遇の問題に関し、勇気を持って告発してくれたのはファット君だ。彼は私が同行取材した際、ＡＳＡ赤堤の所長について「悪い人です」と語っていた。待遇が改善された今、その印象は変わったのか。ファット君に尋ねると、「いいえ」との答えが返ってきた。

「どうして？」

そう問うと、彼は「ドウシ……」と私の言葉を繰り返した後、しばらく考え込んだ。そして苦笑いを浮かべ、ポツリと言った。

「（説明するのが）ムズカシイです……」

彼が日本人全体までも「悪い人」たちだと思わないよう願うばかりだ。

第二章　「便利で安価な暮らし」を支える彼らの素顔

コンビニで働ける留学生は「エリート」

第一章では新聞販売所で働くベトナム人奨学生の待遇のひどさを記した。しかし、出稼ぎ目的の偽装留学生と比べればずっと恵まれている。少なくとも日本語学校の学費は奨学金でまかなわれ、アルバイトをかけ持ちして働く必要もない。何より、留学のために多額の借金を背負うこともないのである。

留学生全体から見れば、新聞奨学生として来日できる外国人はごく少数だ。では、その他大勢の偽装留学生たちは、いったいどんな生活を日本で送っているのか。

午前8時、東京・港区《みなと》――。東京タワーが後ろに望める大手牛丼チェーン店から、リュックサック姿の若者が飛び出してきた。細身の長身、日本人よりもやや浅黒い顔とつぶらな瞳《ひとみ》が印象的なベトナム人留学生のタン君（24歳）である。

東京のような都会では、飲食チェーンで働くアジア新興国出身の留学生の姿は、もはや当たり前の光景となった。ただし、留学生たちの勤務がより増えるのは、客の減る深夜の時間帯だ。徹夜のシフトは日本人が敬遠し、アルバイトの確保が難しい。逆に留学生にとっては、時給が割り増しとなる深夜の仕事は人気が高い。

タン君も、前夜22時からの徹夜勤務を終えたところだ。彼は店を後にすると、勤務先のオフィスに向かう人たちの流れに逆らい、駅へと急いだ。1時間後の午前9時からは、30分ほど離れた場所で、今度はうどんチェーン店での仕事が始まる。そして午後1時まで働いた後、すぐに日本語学校の授業に出席する。

日本語学校の授業は一日中あるわけではない。午前と午後の部に分かれていて、留学生はどちらかに在籍する。学校以外で勉強しなければ、アルバイトに割ける時間はかなりある。

タン君は午後の部の留学生だが、牛丼店で働く週3日は2つのアルバイトに追われ、勉強はおろか寝る時間すらほとんどない。

「いつも、眠いです。勉強は……、あまりできませんねえ」

タン君は、そう言って笑い飛ばす。来日して1年程度だが、彼の日本語は出稼ぎ目的の偽装留学生としてはかなりうまい。私が取材してきた偽装留学生には、日本語学校で2年のコースを修了してもあいさつ程度しかできない者も少なくない。勉強そっちのけで、アルバイト漬けの毎日を送っているからだ。

たいていの偽装留学生は、日本語の全く必要とされない職場で働いている。コンビニやスーパーで売られる弁当や総菜の製造工場、宅配便の仕分け、ホテルの掃除などである。これらの仕事では、日本人が同僚になるケースも少ない。たとえ同僚となっても会話を交わすことはあまりない。だから日本語が上達しないのだ。

タン君も来日当初は弁当の製造工場で働いていた。「弁当工場」は、偽装留学生が一度は経験する日本での「登竜門」と呼べる。

弁当工場で働いていた頃、タン君は午後9時頃に日本語学校の寮を出ていた。工場がある千葉県内の最寄り駅まで電車を乗り継いだ後、駅からは工場の用意したマイクロバスで工場へと向かう。バスに乗っているのはベトナムなどから来日した留学生ばかりで、日本人は1人もいなかった。こうしたバスによる留学生アルバイトの送迎は今、全国各地で見られる光景だ。

仕事ではラインに立ち、流れてくる弁当のプラスチック容器に総菜をひたすら詰めていた。体力的にはもちろん、精神的にもつらい単純作業である。そんな夜勤をタン君は週3日やっていた。

その後、友人のベトナム人留学生の紹介で、うどん店のアルバイトを見つけた。弁当工場とかけ持ちで仕事を始めると、店長ら一緒に働く日本人に積極的に話しかけた。初めてできた日本人の友だちも「店長」だったという。

タン君は明るく、ひょうきんな性格だ。うどん店のアルバイトを通じ、日本語での会話がかなりうまくなった。おかげで牛丼チェーン店での仕事に就け、弁当工場からも脱出できた。

「コンビニで働いてみたいんです」

タン君は、遠慮がちに現在の「夢」を教えてくれた。飲食チェーンと同様、都会のコンビニも外国人店員で溢《あふ》れている。大半は留学生アルバイトだが、一定の日本語能力を身につけた者しか採用はされない。偽装留学生の「エリート」層なのである。コンビニや飲食チェーンなどで私たちが見かける外国人たちの背後では、その何倍もの留学生が、日本人の目に触れない仕事をしている。

姉の自宅を担保に150万円を借金

タン君はベトナム北部タインホア省の出身だ。首都ハノイまで車で4～5時間という小さな村で生まれ育った。

家族は両親と5人のきょうだいがいる。タン君は末っ子で、他の5人はハノイやホーチミンで働いている。両親は農家を営んでいるが、収入は安定しない。豊作であれば年20万～30万円を得られるが、ほとんど収入にならない年もある。ベトナムの農家に共通する不安定な暮らしだ。

タン君は高校卒業後、1年半にわたって兵役に就いた。ベトナムには徴兵制があるが、兵役に就く若者は多くない。公務員の子弟に加え、大学生なども免除される。軍隊に行くのは、学校で落ちこぼれた少年や、貧しい家の子どもたちが中心となる。

兵役を終え、実家に戻ったタン君に仕事はなかった。そんな彼を見かねた母親が、こう切り出してきた。

「日本に働きに行ってみたらどうなの？」

タン君が軍隊生活を終えた２０１６年頃、ベトナムは日本への「留学ブーム」に沸いていた。２０１２年には９０００人にも満たなかったベトナム人留学生は、タン君が来日する17年当時で7万人以上に膨れ上がっていた。彼の母親の知り合いにも、子どもを留学生として日本へ送り出した家族があった。

「日本に留学すれば、月20万～30万円が簡単に稼げる」

そんな噂も広まっていた。「20万～30万円」といえば、タン君の家では豊作の年の収入に匹敵する。それが1カ月で稼げるというのだ。貧しいベトナム人たちが色めき立つのも無理はない。しかしタン君は、母親に勧められても「日本」など全く興味がなかった。

「だから、最初は断りました。すると、お母さんが、寂しそうな顔をして……。だから（思わず）『行ってみる』と言ったのです」

彼は末っ子で、とりわけ親孝行な息子なのである。

「月20万～30万円が簡単に稼げる」という話は、留学ブームの初期、斡旋《あっせん》ブローカーがよく使った宣伝文句である。しかし、「月20万〜30万円」は簡単には稼げない。時給1000円で働いても、「週28時間以内」の制限を守っていれば月11万円少々にしかならない。生活はできるが、翌年分の学費も貯めなければならず、加えて借金の返済もある。そのため留学生たちは、時給の高い徹夜のアルバイトをかけ持ちして、法定上限を破って働く。それでも月20万円を稼ぐのは大変だ。

そうした偽装留学生の実態は、タン君が日本行きを決めた頃には、ベトナムでも知れ渡っていた。ブローカーに騙《だま》される時代は過ぎ、「週28時間以内」を超える違法就労も含め、日本で待っている状況を承知で入国するようになっていた。タン君もそうした1人である。

一方、留学ブームの当初から今に至るまで、変わっていないこともある。それは大半の留学生が、留学に必要となる費用を借金に頼っていることだ。タン君も日本円で150万円近い借金をした。内訳は日本語学校の初年度の学費、寮費6カ月分の前払い、渡航費、ブローカーに支払う手数料などだ。

多くの偽装留学生は、親の家や田畑を担保に銀行から借りる。タン君の場合は、ハノイで働く姉が助けてくれた。姉はIT関連の仕事をしているベトナム人男性と結婚し、ハノイに自宅がある。その自宅を担保にして、弟のために150万円を借り入れた。もちろん、姉夫婦にとっても小さな金額ではない。こうして一族の命運を背負い来日するのも、偽装留学生に共通している。

でっち上げの書類でビザを取得

タン君のように留学費用を借金に頼る外国人は、本来は留学ビザの発給対象にはならない。留学ビザは、母国からの仕送りが望めるか、もしくは奨学金を受け取るなどして、アルバイトなしで日本での生活を送れる外国人に限って発給されるのが建前だ。しかし、その原則を守っていれば留学生は増えない。そこで日本政府は、留学のための経費支弁能力を有さない外国人にまでビザを発給している。

そのカラクリはこうだ。途上国の留学希望者には、自らの経済力を示すため、親の年収や銀行預金残高などの証明書の提出が求められる。留学ビザ取得に必要な額は明らかになってはいないが、年収、預金残高とも最低でも日本円で200万円程度が必要となる。途上国の人にとっては、よほどの富裕層でなければクリアできないハードルだ。そこで彼らに留学を斡旋するブローカーが、でっち上げの年収や預金残高の記載された証明書を準備する。

ベトナムのような新興国では、行政機関や銀行であろうと、賄賂《わいろ》さえ払えば、でっち上げの数字が並ぶ〝本物〟の証明書は簡単に手に入る。そうして準備された書類を日本側が受け入れ、留学を認めている。ビザを審査する法務省入国管理当局、そして在外公館も「数字の捏造《ねつぞう》」をわかってのことである。

でっち上げ書類の準備は、留学生個人では難しい。そこにブローカーが介在する余地が生まれる。留学生から手数料を取り、留学ビザ取得に十分な書類を揃えるわけだ。タン君もそうやってビザを得た。

書類には親の年収と預金残高として、それぞれ日本円で300万円近い額が記され、行政機関と銀行の捺印《なついん》があった。だが、タン君に驚きはなかった。誰もがそうして日本へ「留学」していると知っていたからだ。

「ワタシの書類はすべて嘘ばっかりですよ」

タン君はそう言い、屈託なく笑い飛ばす。彼がビザ申請時に日本側に提出した履歴書には、兵役に行った事実すら載っていない。その間は、ベトナムの専門学校に在籍していたことになっている。そして卒業後は、ハノイの民間企業で、電気関係の仕事をしていたとある。ビザ取得がスムーズにいくように、ブローカーが彼の経歴までもでっち上げた。

捏造は経費支弁関係の書類に限ったことではなく、履歴書までもでっち上げられるのだ。たとえ犯罪歴があるような者でも、こうして履歴書は改竄《かいざん》できてしまう。これが日本側へと提出される〝正式な〟書類の実態なのである。

では、日本にいる留学生のうち、どれくらいの割合の者がこうした手法で入国しているのか。

増加した留学生の大半は〝偽装留学生〟

留学生の数は、2012年末時点の18万9119人から18年6月までに32万4245人へと増加している。一方、法務省は、不法残留の多い中国、ベトナム、ネパール、ミャンマー、スリランカの5カ国を「問題国」とみなし、17年から留学ビザ申請時に経費支弁関係書類の提出を義務づけている。その後、バングラデシュとモンゴルも加えられ、対象国は計7カ国となった。ただし、中国の場合は、国が豊かになり、偽装留学生の送り出しがかなり減った。その中国を除いた6カ国出身者で、12年から増加した留学生全体の約8割を占める。この6カ国出身の留学生は、ごく一部の国費留学生などを除き、大半が偽装留学生と見て間違いない。

6カ国の留学生を合わせると13万1542人に上る。また、これらの国以外にも偽装留学生の送り出しが疑われる国はある。一方、12万2776人を数える中国人留学生にも、依然として偽装留学生は紛れている。そう考えると、32万人を超える留学生のうち、少なくとも半数程度は本来、日本政府が入国を認めていない偽装留学生という可能性が高い。

日本への出稼ぎの手段には、留学以外にも「外国人技能実習制度」がある。実習生も留学生と同様に近年急増し、その数は約29万人に達する。ブローカーには実習生と留学生の送り出しを兼ねる業者も多い。

ただし、同じ斡旋でも、両者には大きな違いがある。留学生の場合、受け入れ先となる日本側の日本語学校が近年急増した。その数が10年間で2倍以上に増え、留学生の「売り手市場」となっているのだ。留学生の奪い合いが起きていて、ブローカーは留学生1人の斡旋につき10万円程度のキックバックが受け取れる。

実習生の場合は、逆に日本側の受け入れ企業の「買い手市場」だ。ブローカーが実習生を斡旋する際、日本で仲介する「監理団体」にキックバックを支払う必要が生じる。監理団体を含め、実習制度の問題は第九章で詳述するが、実習生が日本で失踪《しっそう》したりすれば、送り出し側の責任も問われる。その点、留学生は日本へと送ってしまえば仕事が終わる。ブローカーにとっては、留学生の送り出しの方が楽なビジネスなのである。

ブローカーは日本語学校からのキックバックに加え、留学希望者から手数料も徴収する。2つを合わせると、1人の斡旋でブローカーには数十万円の収入となる。日本よりもずっと物価の安い新興国ではかなりの大金である。ベトナム出身の留学生は2018年6月時点で8万人を超えている。1人の斡旋で50万円の収入があったとすれば、ブローカーが得た収入は400億円に上る。留学生の斡旋ビジネスは、ベトナムでは1つの産業と呼べる規模なのだ。

こうしたブローカーへの手数料もあって、留学生が背負う借金はさらに膨らむ。結果、タン君がそうであるように、偽装留学生たちは150万円前後の借金を背負い来日する。そして入国後はアルバイト漬けの生活を強いられる。

日本での暮らしは、母国で想像していたよりもずっと厳しい。徹夜の肉体労働が連日続くとわかって来日しても、実際に経験してみると過酷さを思い知る。かといって、最低でも借金を返し終えるまでは、母国へは戻れない。そんな偽装留学生たちを、日本はあの手この手で食い物にしている。

違法就労に知らんぷりを決め込む企業

タン君が2つ目のアルバイトとして、東京都心の牛丼チェーン店で働き始めたのは半年前のことだ。店長と面接した際には、すでにうどん店で働いていることを正直に告げた。アルバイトをかけ持ちすれば、「週28時間以内」の規定を超えて違法就労となる。そのことへの後ろめたさもあってのことだ。しかし、牛丼店の店長は、

「大丈夫です」

と軽く聞き流し、それ以上、何も言わなかった。そして無事、牛丼店での採用が決まった。

留学生を雇う日本の企業も、法律違反を承知で彼らを採用しているのである。

牛丼店を運営する企業は業界大手で、東京証券取引所にも上場している。本社も店舗で働く留学生が置かれた状況について、知らないはずはない。ただし、実際に留学生を面接し、採用したのは各店舗である。万が一、タン君の違法就労が発覚しても、言い逃れはできる。そして店舗にしろ、「店では28時間以内しか働いていない」と主張すれば、責任が問われることはない。企業側にとっては実に都合のよい話である。第一章で書いた朝日新聞本社と新聞販売所の関係にもどこか似ている。

牛丼店のアルバイトは、22時から8時までの週3日だ。1時間半の休憩があるため実働は8時間半、1週間の就労は25時間半となる。時給は深夜の割り増しがついて1250円だ。うど

ん店のアルバイト代と合わせると、タン君の収入は月24万～25万円まで増えた。

牛丼店の深夜勤務では、たった1人のアルバイトに店を任せる「ワンオペ」の過酷労働が問題となった。そんな経緯もあって、タン君の店では深夜もアルバイト2人が勤務している。ペアを組む相手は、週2日がベトナム人留学生、残りの1日は年配の日本人女性なのだという。

店はオフィス街にあるため、終電の時間が過ぎると閑散とする。ベトナム人留学生と一緒のシフトの夜は、交互に仮眠を取る。相手が日本人女性のときはほとんど寝ず、日本語の会話の勉強に励む。

「日本のお正月には何を食べますか？」

そんな他愛のないことも、「おばあさん」と親しみを込めて呼ぶ女性に尋ねる。時には人生相談に乗ってもらうこともある。

「ワタシの通っている日本語学校はあまりよくありません。どうすればいいですか？」

すると「おばあさん」は、タン君をこう諭したという。

「でもね、せっかく日本に来たんだから、がまんして、もう少しがんばってみたら」

「おばあさん」は早朝5時にシフトを終えると、すぐに別の仕事に向かう。タン君は仕事の内容までは聞かされていない。そもそも高齢の日本人で、夜勤の仕事に就く女性は珍しい。何らかの事情を抱えているのだろう。ベトナム人留学生たちとともに、私たちの「便利で安価な暮らし」を底辺で支える日本人も存在している。

牛丼店の仕事に何か不満があったわけではない。強いて言えば、あまりにも暇だったことくらいだ。しかし、タン君はしばらくして牛丼店を辞めた。「もっと時給のよい仕事がある」という情報が、宅配便の仕分け現場で以前一緒に働いたベトナム人の友人からもたらされたからだ。

友人から紹介されたアルバイト先は、世界的に有名な大手通販サイト業者の倉庫だった。仕事の内容は、客がネットで注文した商品を配送区域ごと、箱についた番号を見て仕分ける作業である。宅配便の仕分けと同様、日本語ができない外国人でも十分にこなせる。

勤務は週3日の夜勤で、牛丼店と同じく22時から仕事が始まる。ただし、仕事は1時間早い7時に終わり、しかも時給が1400円と150円高い。

他のアルバイト同様、面接はごく簡単なものだった。名前や日本へ留学した時期、夜勤シフトの開始時間の希望を聞かれた後、仕事のルールの説明がなされた。

「仕事中はおしゃべりをしないこと」

「荷物の振り分け先を間違えないこと」

「タバコは指定された場所で吸うこと」

そんな説明が倉庫の担当者からあった後、「はい」と答えると採用になった。

この面接でも、タン君はうどん店で「週28時間」のアルバイトをしていることを告げた。しかし、担当者は「わかりました」と言うだけで、問題にする素振りもなかった。

仕事場となった倉庫では、50人以上が夜勤に就いていた。半数ほどがベトナム人で、他にネパール人や中国人などだ。おそらく全員が留学生だろう。日本人は5~6人で、いずれも人材派遣会社経由で仕事に来ていた。ただし、日本人の顔ぶれは入れ替わりが激しかった。

「日本人はすぐ辞めてしまいます。次の週には、来ていない人も多いんです。ワタシたちと話すこともありません」

一晩働けば1万円以上にはなるが、夜勤の仕事は体力的には厳しい。日本人で続けられる人は少ないのだ。その点、タン君のような留学生は徹夜の肉体労働に慣れている。

「お弁当の工場は、ずっと働いていて休みがなかった。ヤマト（宅配便の仕分け）のときは荷物が重くて大変でした。だけど、この（通販業者の）仕事は軽いものばかり。そんなに忙しくないし、とてもいいですよ」

偽装留学生の存在がなければ、仕分け作業が滞ってしまうだろう。サイトの売りである「翌日配送」といったサービスも成り立たない。飲食チェーンやコンビニにしろ、彼らを雇わなければ看板の「24時間営業」は続けられない。

もちろん、賃金を大幅に上げれば、日本人の働き手は集まる。しかし、配送料や商品の価格にはね返り、他社との競争に勝ち残れるかどうか知れない。そのため偽装留学生を雇って凌《しの》ごうとする。そして、彼らの違法就労にも気づかないふりをする。留学生アルバイトに頼る多くの企業に共通する話である。

授業が唯一の睡眠時間

タン君が暮らす日本語学校の寮は、東京・江戸川《えどがわ》区の葛西《かさい》という町にある。最寄りの葛西駅から地下鉄東西《とうざい》線に乗れば、隣駅は「東京ディズニーランド」のある浦安《うらやす》だ。

もともと葛西は、在日インド人の多く住む町として知られていた。しかし最近は、インド以外のアジア系の若者の姿が目立つ。都心まで十数分という立地の良さながら地価が高くないことから、日本語学校の寮も増えている。

これまで私は、タン君の暮らす寮を何度か訪れている。寮までは駅から歩いて20分近くかかる。住宅街にある4階建ての古い建物で、外観は公団の団地のように地味なものだ。道路から見える狭いベランダには、日本人が暮らすアパートよりずっと多くの洗濯物が干してある。狭い部屋に数人が暮らすケースの多い、日本語学校の寮ならではの光景だ。

寮の1階は広い食堂になっている。建物は以前、企業の社員寮として使われていたらしい。社員寮時代には食事も提供していたようだが、現在は自炊スペースがあるだけで、壁際のテーブルにコンロが3つほど並んでいる。しかし、コンロは古く錆《さ》びついていて、1つは使い物にならない。テーブルや椅子も壊れかけていて、定期的に掃除がされている気配もない。しばらく放置されていた社員寮をリフォームもせず、日本語学校の寮として転用したのだろう。

タン君の部屋は4畳半ほどの広さだ。両脇には、壁に沿って下の部分が収納スペースとなったベッドが2つ備え付けてある。部屋にトイレやバスはない。社員寮の頃には2人が入居していたのだろうが、今は4人の留学生を詰め込んでいる。

タン君にはベッドが充てがわれておらず、窓際に布団を敷いて寝る。小さな布団を2つ敷けば、部屋は足の踏み場もない。といっても、部屋で4人が揃って眠るときはない。タン君は週3日、他の3人は週の大半を徹夜のアルバイトに費やしているからだ。

家賃は1人につき月2万3000円だ。4人で月9万円以上と、明らかに相場以上である。こうした寮を使ったボッタクリも、日本語学校で当たり前のように横行している。日本の事情に疎い留学生たちにつけ込んでのことだ。

私はこれまで日本語学校の寮をいくつも見てきた。学校側の許可は得ず、留学生に案内してもらってのことだ。その経験から、タン君の寮はマシな方だといえる。私が訪ねてきた寮には、駅から遠く離れた一軒家を寮として借り上げ、1部屋に8人もの留学生を詰め込み、1人から月2万5000円の寮費を取っていたようなところもあった。

「これ、見てください」

そう言って、タン君がスマートフォンを差し出してきた。そこには彼が日本語学校の授業中に撮影した20秒程度の動画が映っていた。

タン君のクラスには、ベトナム人、ネパール人、バングラデシュ人など20人近くの留学生がいる。そして動画では、机に突っ伏している留学生が映し出されていた。連日、徹夜のアルバイトをしている留学生には、授業が唯一の睡眠時間となる。起きている留学生にも、スマホでゲームに夢中の者がいる。完全な「学級崩壊」状態である。

「先生は、怒らないの？」

タン君に尋ねると、「うーん」としばらく日本語を探して考え込んだ後、こんな答えが返ってきた。

「怒りません。先生は、やさしいですよ」

そう笑って、タン君は日本語学校の実態を皮肉ってみせた。

偽装留学生には日本語など勉強する気すらなく、ひたすら出稼ぎに励む者も少なくない。その点、タン君に学習意欲はある。しかし、日本語学校の方に、教えるつもりがないのである。その理由、また日本語学校の驚くべき実態については、第三章と第四章で詳しく述べる。

タン君の学校では、日本語のレベル別に「初級」「中級」「上級」とクラスが分かれている。上級は大半が中国人留学生だ。日本で大学や大学院進学を目指す富裕層の子弟で、アルバイトすらしていない。日本語能力試験で最難関の「Ｎ１」に合格した留学生もいる。

一方、ベトナムなどアジア新興国の留学生は皆、「初級」クラスに属している。クラスメイトには、簡単な日常会話ができるレベルの「Ｎ３」に合格した者は１人もいない。そもそも皆、試験を受けていない。

中国とアジア新興国出身の留学生の間では、経済力のみならず語学力も大きく異なっている。こうした留学生の「二極化」は、多くの日本語学校で見られる現象でもある。

卒業後の「学費」まで徴収する日本語学校

２０１８年８月、タン君からＬＩＮＥで「相談がある」という連絡が入った。すぐに会うと、普段は明るい彼が、この日ばかりは疲れ切っていた。そして間近に迫った留学ビザの更新問題について、こう切り出してきた。

タン君は在留期間「１年３カ月」の留学ビザで入国している。17年7月に来日した彼の場合、18年10月までにビザを更新する必要がある。その手続きは、留学生本人に代わって日本語学校が担う。

日本語学校では、学費を滞納する留学生が少なくない。経費支弁能力のない偽装留学生まで受け入れているのだから、滞納が起きるのも当然だ。日本語学校にとっては、ビザの更新時は滞納問題を解決するチャンスとなる。

ビザが更新できなければ、留学生は合法的に日本で滞在できなくなる。留学生にとってはまさに死活問題である。そこに目をつけ、学費を滞納している留学生に対し、ビザ更新の手続きを取らない学校が多い。

タン君も18年度の後期分の学費を払っていなかった。支払わなければ、学校側はビザ更新の手続きを取ってくれない。彼は友人から金を借り、後期の学費を払おうとした。すると学校側は突然、学費に「6万円」を上乗せして要求してきた。6万円は1カ月分の学費に相当する。

「(来年)ワタシは3月に卒業します。どうして、4月の学費を払いますか?」

タン君は私の前で、そう必死で訴えた。同じ学校の留学生たちは、言われるままに「6万円」を余計に支払っているという。しかし彼は納得できず、1人だけ支払いを拒んでいた。

ビザが更新できれば、タン君の在留期限は19年4月まで延びる。そのため学校側は、卒業後の4月「学費」まで請求しているのだ。タン君は過去に授業料を支払った際、日本語学校から受け取った領収書を見せてくれた。領収書はすべて手書きで、「授業料」という名目はあるが、該当月を明示していない。問題になったとき、学校が言い逃れできるよう細工しているようなのだ。

タン君は私に相談すれば、何とかしてくれると考えたようだ。事実、私には彼に借りもあった。彼と知り合って約1年間、様々なかたちで取材に協力してもらっていた。偽装留学生問題に関心を持ったNHKの記者から頼まれ、タン君を紹介し、カメラマン同伴で彼の寮まで潜入したこともあった。その際の映像は、NHKの夜7時のニュースでも流れた。日本語学校にバレればベトナムに強制送還になっていたかもしれない。そんなリスクも私のために冒してくれていた。

とはいえ、学費の問題を解決するのは難しい。仮に私が日本語学校を取材し、学費について追及したところで、いくらでも言い逃れはできる。

「6万円を余分に払って、ビザを更新してもらうしかないね」

そう告げると、タン君は寂しそうに頷《うなず》いた。

偽装留学生の受け入れを拒んでいる日本語学校は今や珍しい。学校が利益を追求しようとすれば、偽装留学生に頼るのが最も手っ取り早い。とはいえ、学校の内情は様々だ。営利という目的は同じでも、学費の細かな分納を認めたり、またアルバイトや進路の相談に乗ったりと、「良心的」な学校もないわけではない。タン君に関しては、運悪くタチの悪い学校に入学してしまっていた。

偽装留学生たちは、日本語学校を選べるわけではない。選べるのは「東京」「大阪」といった日本語学校の所在地だけで、後は現地のブローカーが提携している学校へと送り込まれる。学校の悪質さなど運に任せるしかない状況で、彼らは日本にやってくる。タン君に罪があるとすれば、「留学」を出稼ぎに利用するためブローカーに頼り、でっち上げの書類をつくってもらったことくらいだ。

結局、タン君は6万円を上乗せして後期分の学費を日本語学校に納めた。そしてビザも更新されることになった。

19年3月、彼は日本語学校を修了する。その後は、専門学校に進学し、出稼ぎを続けていくつもりだ。ベトナムで背負った借金はまだ100万円ほど残っている。いくら日本で嫌なことがあっても、このままベトナムに帰るわけにはいかない。

タン君が流した涙の理由

6人きょうだいのタン君は、ハノイに住む一番上の姉ととりわけ仲がよい。自宅を担保に入れ、彼の留学資金を捻出《ねんしゅつ》してくれた姉である。その彼女と先日話した際、タン君は思わず弱音を吐いたという。

「もう、ベトナムに帰りたい」

すると姉は、こう諭してきたという。

「せっかく日本に行ったんだから、しっかり勉強して、日本で就職しなさい」

日本での暮らしぶりについて、姉には詳しく説明していないのである。これまで私が取材してきたベトナム人留学生たちも、多くが日本で味わう苦しさについて、家族に打ち明けていなかった。

タン君の両親は貧しい。ハノイやホーチミンで働く姉や兄たちも、自分たちの生活に追われ、両親に仕送りする余裕はない。日本に行ったタン君だけが一家の希望の星なのである。

そんな家族の話をベトナム料理店で聞いていると、彼が言葉に詰まった。そして、

「家族と一緒に、いたいです……」

そうひとこと絞り出すと、タン君の目から涙が溢れた。留学を出稼ぎに利用しようとしたつもりが、日本に着いた途端、日本語学校やアルバイト先の企業によって都合よく利用されてしまう。「罠《わな》」にかかったと気づいても、ベトナムには帰れない。悔しさと悲しさが入り交じり涙となって溢れ出たのだった。

偽装留学生には、どこか影があるタイプが多い。借金のプレッシャーがそうさせるのかもしれない。20歳そこそこの若者が、親の年収の数年分もの借金を背負っているのだから無理もない。アルバイト漬けの毎日は、ストレスも相当に溜《た》まるに違いない。しかも彼らは、「週28時間以内」という法廷上限に違反して働いている。常に強制送還の恐怖と向き合い暮らしていることも、表情を暗くする原因となっているのだろう。

だが、タン君に限っては違った。底抜けに明るいのだ。借金や自らの境遇を笑い飛ばせる楽天家でもあった。そんなタン君に惹《ひ》かれ、私も長く付き合っていた。だからなおのこと、彼が私の前で見せた涙は切ないものでもあった。

なぜ、ベトナム人が日本を目指すのか

それにしても、ベトナム人はなぜ、多額の借金まで背負い、日本を目指すのだろうか。

母国の年収の数倍にも及ぶ借金には、まさに人生を左右するリスクがある。それでも彼らは自ら進んで偽装留学生の道を選ぶ。その気持ちが、私にはなかなか理解できなかった。

私は東京都内の小さな大学で講義をした際、20人ほどの学生にこんな質問を投げかけてみた。

「外国に働きに行けば、月200万〜300万円の収入が得られる。だけど、1500万円の借金を背負わなければならない。外国では毎日のように夜勤の肉体労働をすることになる。そんな条件で、皆さんは外国に行きますか？」

偽装留学生の条件を日本人に当てはめ、学生たちに問いかけてみたのだ。結果は、「外国に行く」と手を挙げた者は1人もいなかった。しかし、ベトナム人の場合は、日本人にとって「1500万円」に相当する借金を背負い、「月200万〜300万円」の収入を求めて海を渡ってくる。

「ベトナム人の若者は皆、親孝行なんです」

そんな言葉で、偽装留学生たちの気持ちを説明してくれた在日ベトナム人がいる。元留学生で、現在は日本企業に就職している20代の女性である。

「私たちの親の世代は本当に苦労しました。ベトナム戦争中に生まれ、戦争が終わった後に育った世代です。ずっと国は貧しく、親たちには勉強し、ちゃんとした仕事に就くチャンスもなかった。豊かになる夢が持てなかったのです。それが私たちの世代になってやっと、がんばれば成功できる時代になった。だから、何とかして親を助けてあげたいと考えるんです」

ベトナムの経済が本格的に成長を始めるのは、2007年に世界貿易機構（WTO）に加盟して以降のことだ。1990年代には6割にも達していた貧困層（生活費が1日1・9ドル以下）の割合も、現在は1割程度まで減った。

確かに、ベトナム経済は成長を続けている。とはいえ、その恩恵は庶民まで行き渡っていない。在日ベトナム人女性は「がんばれば成功できる時代になった」と言うが、それはあくまで限られた人たちの話なのだ。

ベトナムは社会主義国で、しかも賄賂がはびこっている。実力だけで這《は》い上がれる国でもない。特権階級や富裕層以外の若者にとっては、とても息苦しい社会だといえる。ハノイやホーチミンのような都会を除けば、生活に十分な収入が得られる仕事すら見つかりにくい。だから若者は海外を目指そうとする。そうした若者にとって、最大の出稼ぎ先となっているのが日本なのだ。

日本に生まれ育った若者には、自らの努力次第で夢を叶《かな》えられる環境がある。先進国としての暮らしは便利で、しかも安全だ。仕事にしろ、選《よ》り好みしなければいくらでもある。そんな日本人にとっては当たり前の環境が、ベトナムにはない。在日ベトナム人の女性はこうも言う。

「ベトナム人の私たち世代は、家族の期待も背負っています。だから、プレッシャーも大きいのです」

翻って日本を見れば、ベトナム人留学生と同世代の若者はもちろん、親の世代に当たる私たち50代ですら貧しさを知らない。「親たちを助けてあげたい」という感覚を持てる日本人が少ないのも無理はない。

親を思い、家族の期待を担って来日するベトナム人たち――。そんな彼らを都合よく利用しているのは、何も人手不足の企業に限った話ではない。

第三章　「日本語学校」を覆う深い闇

日本語学校バブル

日本語学校業界がバブルに沸いている。独立行政法人「日本学生支援機構」（JASSO）によれば、日本語学校に在籍する留学生は2018年5月時点で9万79人に上り、12年の2万4092人から約3・7倍に急増した。07年には全国で308校だった日本語学校の数も、18年8月までに711校と2倍以上となった。その数は大学をも上回る。政府が進める「留学生30万人計画」のもと、大量の偽装留学生が日本語学校に流入した結果である。

大学や専門学校と比べ、日本語学校の設立は難しくはない。学校法人以外に株式会社なども参入できる。最近では、人材派遣業者などが日本語学校を設立するケースも目立つ。学校で偽装留学生を受け入れ、人手不足の企業にアルバイトとして斡旋《あっせん》しようと目論《もくろ》んでのことだ。

外国人にとっても、日本語学校へ留学するハードルは低い。海外から日本の専門学校や大学に留学しようとすれば、ビザ取得に日本語能力試験「N2」合格が必要となる。それが日本語学校に限っては、日本語能力を問われず入学できる。

日本語学校の内部では、いったい何が起きているのか。教育業界で著名なある上場企業が、東京都内で運営する大手日本語学校の実態から見てみよう。

6年間で定員が4倍に

2017年3月21日朝——。開花間近の桜のつぼみを冷たい雨が濡《ぬ》らし、冬の寒さがぶり返していた。

そんななか、東京・新宿《しんじゅく》区内の区民ホールに、リクルートスーツ姿の若者たちが続々と集まってくる。就職セミナーでも開かれるようだが、よく見ると皆、アジア系の若者たちだ。ホール入口では異国の言葉が飛び交い、民族衣装を身にまとった女の子もいる。若者の数はどんどん増え、400席近いホールも大方埋まった。彼らは新宿区内（現在は北《きた》区に移転）に校舎を構える大手日本語学校「JCLI日本語学校」の卒業式に出席する留学生たちなのである。

「卒業、おめでとう」

旧知のベトナム人留学生、トラン君を見つけて声をかけると、彼は柄モノのマスク越しに照れ笑いを浮かべ、小柄な身体を折り曲げてペコリと頭を下げた。

トラン君とは数日前に夕食を一緒にしたばかりだ。日本語学校で2年間を過ごしたというのに、彼の日本語は「シャブシャブ、オイシイ」といった具合に、単語と単語を並べる片言レベルである。偽装留学生としては平均的な語学力だが、それでも彼は来月、都内の大学に進学する。

ＪＣＬＩは近年、急拡大を続ける日本語学校の１つだ。２０１０年時点では３２４人に過ぎなかった定員は、6年後の16年度には4倍以上の１３８０人まで増えた。ベトナムなど新興国からの留学生が急増した結果である。

日本語学校の定員は、大学などよりもずっと増やしやすい。定員の8割以上の留学生が在籍していて、在学生の不法残留率が5％未満で入管当局から「適正校」として認められた学校は、毎年１・５倍まで定員を増やすことができる。

在学生が増えれば、そのぶん学費収入も増える。定員が4倍になったＪＣＬＩの場合、収入も4倍になったということだ。いかなる業界であれ、6年間で売り上げが4倍に増える会社など珍しい。日本語学校業界では、そんな拡大を遂げている学校が当たり前のように存在する。

ＪＣＬＩの設立は１９８０年と、日本語学校としてはかなり古い。日本語学校の設立が増えるのは、83年に中曽根《なかそね》康弘《やすひろ》内閣のもとで「留学生10万人計画」がつくられた以降のことだ。日本語学校業界に詳しい関係者によれば、ＪＣＬＩは「英語学校の日本語クラスとしてスタートした」のだという。

現在、ＪＣＬＩは「国際人材開発」という会社が運営している。２００６年に設立された会社なので、ＪＣＬＩを運営し始めたのもそれ以降ということになる。そして同社の経営のもとでＪＣＬＩは急拡大した。

国際人材開発は16年3月、経営者が変わった。代表取締役の金大鉉氏が１００％所有していた株式を買い取ったのが、東証１部上場企業の教育産業大手「明光ネットワークジャパン」（以下、明光ネット）だ。日本で初めての個別指導塾「明光義塾《ぎじゅく》」の運営で知られる企業である。

明光ネットが日本語学校の経営に乗り出すのは、ＪＣＬＩが初めてのことではない。２０１４年には「早稲田ＥＤＵ日本語学校」を傘下に収めていて、ＪＣＬＩと合わせれば定員は約２０００人に上る。少子化によって、塾産業の将来は明るいとはいえない。そんななか、留学生ビジネスに活路を見出《みいだ》そうとしているのであろう。

だが、ＪＣＬＩ内部で起きていることは、とても教育産業大手、しかも上場企業の経営とは思えないものである。

「パスポート」と「在留カード」の取り上げ

私の手元に〈２０１６年に在留期限が切れた学生・２０１６年に問題が起きた学生リスト〉と題されたＡ４サイズ数枚の書類がある。ＪＣＬＩが作成した内部資料で、留学生の入学日、国籍、氏名などに続き、学生が起こした問題の詳細が記されている。

〈２０１６／２／９大久保《おおくぼ》交番から電話有。ネットカフェの店員の財布を盗み２万円とＳＵＩ

CAを抜き取り財布は捨てた。犯行は認めた。1／31付で除籍〉（2014年入学のベトナム人留学生L君）

〈長期欠席→所在不明。難民申請した〉（2014年入学のネパール人留学生A君）

といった具合に問題の中身は様々だが、リストに載った留学生の数は40人以上に上っている。「除籍」になったL君の行方については記されていない。ビザの有効期限を過ぎても日本に残っていれば、不法残留ということになる。

外国人の不法残留者は4年連続で増加し、2018年1月1日時点で6万6498人に上っている。最も目立つのがベトナム人で、前年から30％以上も増加して6760人に達した。留学生として入国した後、不法残留となった外国人も4100人に上る。日本語学校から失踪《しっそう》し、不法就労に走る留学生が増加しているのだ。

ネパール人のA君のように、難民認定の申請をする外国人も一時急増した。2017年には前年比約80％増の1万9629人から申請があった。国籍別ではフィリピン人の4895人を筆頭に、ベトナム人の3116人、スリランカ人の2226人が続く。こうした難民申請には、就労目的の者が数多く含まれる。申請から6カ月後から就労が認められていたからだ。留学生として入国後、学費の支払いを逃れて働こうと、すぐに難民申請するような者も続出した。そのため法務省入国管理局は18年1月、難民申請した留学生の就労を認めない方針を打ち出している。

リストでとりわけ多いのが、在学生の「除籍」である。そこには日本語学校の置かれた特殊な事情がある。

日本語学校は在籍する留学生が失踪し、不法残留となることを恐れる。不法残留者の輩出率が留学生全体の5％を超えると、入管当局から「非適正校」とみなされ、入学者へのビザ審査が厳しくなり、定員も増やせない。日本語学校にとっては、「適正校」から「非適正校」への転落は、ビジネスに直結する一大事なのだ。

そこで失踪の可能性が疑われたり、すでに行方不明になった留学生を「除籍」とする。「退学」の場合は学校の責任とみなされるが、「除籍」であれば責任が問われない。ルールの抜け穴を狙ったやり方だ。問題のある留学生をさっさと「除籍」し、「適正校」の資格を維持しようと努める日本語学校も少なくない。

そのため入管当局は17年2月、日本語学校に新たな通達を出すことになった。「除籍」も加えて「10人以上」の退学者を出した学校が、「中国、ベトナム、ネパール、ミャンマー、スリランカから学生を受け入れる場合」に留学ビザの審査を厳しくするというのだ。しかし、通達による効果はそれほど上がっていない。

一方、日本語学校も留学生の失踪を防ごうとして対策を取る。パスポートや在留カードを学生から取り上げるのだ。

私はＪＣＬＩ関係者を通じ、同校が留学生から取り上げたパスポートと在留カードの写った写真を入手した。学校内部で撮られた写真で、ビニール袋に入った2組のパスポートと在留カードが写っている。1つの袋には、持ち主の留学生が「所在不明」、もう1つには「問題のある学生／学生に返すな！」と手書きのメモが貼ってある。

同校関係者によれば、パスポート取り上げには2つの方法があるのだという。

「1つは問題のある学生に『コピーする必要がある』と告げ、そのまま没収してしまうケース。もう1つが留学ビザの更新時に預かって、学費を支払うまで返さないというやり方です」

日本語学校の留学生はビザ更新時、学校側にパスポートと在留カードを提出する。そこを狙い、没収してしまうのだ。

法務省は、日本に3カ月以上滞在する外国人に対し、在留カードの常時携帯を義務づけている。携帯していない場合は、入管法違反で罰金刑が科せられる。そもそも本人の同意も得ずにパスポートや在留カードを取り上げるなど、違法云々《うんぬん》以前に明白な人権侵害である。

パスポートなどの取り上げは、過去には実習生に対する人権侵害として問題となった。職場から失踪し、不法就労に走る実習生は後を絶たない。それを未然に防ごうと、パスポートを没収するような企業があった。しかし、そんな問題も、最近では実習生に関しては聞かれない。それが留学生に対しては、ＪＣＬＩのような大手の日本語学校を含め、多くの学校で横行している。にもかかわらず、ほとんど世の中に知られてはいないのだ。

私は写真に写ったパスポートの持ち主であるベトナム人の女子学生に連絡を取ってみた。留学ビザの在留期限はすでに過ぎ、彼女は不法残留者となっている。その立場を心配してか、対面でのインタビューは拒否したが、ＪＣＬＩにパスポートと在留カードを没収されている事実は認めた。

ＪＣＬＩの卒業式で言葉を交わしたベトナム人留学生のトラン君も、半年近くにわたってパスポートと在留カードを学校に没収されていた。その点について確認すると、ベトナム人通訳を介してこう述べた。

「ＪＣＬＩは、前期分の学費等（約35万円）を収めた学生に限って留学ビザ更新の手続きを取るのです。そして後期の学費の半分を支払うまで、パスポートや在留カードを返さない。僕も学費を滞納していた半年ほどの間、パスポートなどを取られていました」

ＪＣＬＩに限らず、多くの日本語学校で行なわれているやり方だ。もちろん、学費を滞納する留学生にも非はある。法律違反を犯しての長時間のアルバイト、また失踪にしろ、留学生側の問題だ。とはいえ滞納が起きるのは、学校側が経済力のない偽装留学生とわかって受け入れているからなのだ。

「カボチャ」や「トマト」の価格までもでっち上げ

ＪＣＬＩ関係者を通じ、私はベトナム人留学生たちが入学時に学校へ提出した願書一式も入手した。現地の留学斡旋ブローカーから、学校へと届いたものである。この一式を入管当局が審査して、留学ビザを出してよいかどうか判断する。留学生の「履歴書」、「出生届」、「留学理由書」、「高校卒業証明書」、「成績表」、「日本語教育証明書」、「経費支弁書」、「収入証明書」や「預金残高証明書」など、ベトナム語で作成された書類に日本語訳もついていて、1人分で約50ページにも上っている。

日本語学校へ留学するには、「高卒」以上の学歴があって、日本語能力試験「N５」合格もしくは日本語を１５０時間以上学んでいなければならない。ただし、全く日本語を学ばず来日する留学生も少なくない。第二章で取り上げたタン君がそうだったように、あらゆる書類はブローカーがでっち上げられる。

最も注目すべきは、経費支弁関連の書類である。書類のでっち上げについては、多くの留学生や日本語学校関係者から証言を得ていた。だが、書類の現物までは入手できていなかった。

複数入手した書類一式のなかに、ＪＣＬＩから失踪したベトナム人女子留学生のものがある。彼女の経費支弁関連の書類を見ると、父親の定期預金残高が「5億８０００万ドン」（約２９０万円）、年収は「3億３７８０万ドン」（約１７０万円）となっている。父親の職業は農業だ。ベトナムの農家としては、あまりにも収入が多い。

収入証明書には、畑の面積、「カボチャ」「ゴーヤ」「トマト」という3種類の作物の収穫量、キロ単価、売り上げに加え、経費や利益などが細かく載っている。その内容を数人の在日ベトナム人に確認してもらうと、皆が苦笑いを浮かべた。畑の面積が一般的な農民のものと比べて数倍、しかも野菜の単価が2～3倍で計算してあったからだ。

証明書には、「上記の収入によって、私の家族は日本留学する○○（娘の名前）に財政援助するために適格があります。人民委員会はご確認して致します。まことにありがとうございます」（原文ママ）と、怪しげな日本語で父親の言葉が書かれている。そして、ベトナムの行政機関に当たる「人民委員会」副会長の署名、捺印《なついん》もある。

人民委員会が父親の収入に間違いはなく、日本に留学する娘に仕送りする経済力があるとお墨付きを与えているわけだ。「預金残高証明書」も同様に、口座のある銀行の「副部長」の署名と捺印がされている。

しかし、書類に目を通した在日ベトナム人たちは、父親の収入、預金残高ともに「あり得ない数字」だと口を揃える。日本企業で働く在日ベトナム人が言う。

「農家の収入は、日本円でせいぜい月2万～3万円といったところです。年収170万円の農民など聞いたことがない。ベトナムの物価は日本の10分の1程度です。170万円も年収があれば、かなりリッチな暮らしができますよ。預金残高にしろ、普通の農家では考えられない金額です」

さらに不自然なことには、他のベトナム人留学生の書類に記された親の年収や預金残高が極めて似通っている。たとえば、同じくＪＣＬＩに在籍しているベトナム人男子学生Ｐ君の場合、

「雑貨店」を営むという親の年収は「3億4500万ドン」（約170万円）、預金残高は「6億ドン」（約300万円）とある。農家をしている女子学生の親とほとんど変わらない。果たしてこれは「偶然」なのか。在日ベトナム人たちの見方はこうだ。

「留学ビザが取れる基準に合わせ、年収や預金残高をでっち上げているのです。農地の面積や野菜の価格、また雑貨店の売り上げにしろ、すべてデタラメな数字が書かれてある」

年収や預金残高に嘘がなければ、ベトナム人留学生たちは母国から仕送りが受けられる。しかし、実際に仕送りのある学生などほとんどいない。逆に日本で稼ぎ、母国へと仕送りしようと来日している。

では、ベトナムの人民委員会や銀行の幹部の署名、捺印はどうなのか。その点に関しても、在日ベトナム人たちの意見は一致する。

「ベトナムでは、金さえ払えばどんな書類でも手に入ります。人民委員会だろうが、また銀行だろうが、嘘の数字の証明書をつくってくれるのです」

そうした手続きは、すべて斡旋ブローカーが行政委員会や銀行の担当者に賄賂《わいろ》を払って進める。数字は捏造でも、正式に発行された〝本物〟だ。日本であれば「公文書偽造」で罪に問われるだろうが、ベトナムでは何ら問題にもならない。

JCLIはパスポート取り上げを認めるのか

ＪＣＬＩにはベトナム人留学生だけで約２５０人が在籍し、ベトナム人の職員もいる。また、現地に構える拠点には社員も常駐している。証明書の嘘を見抜こうとすれば、簡単にできるはずだ。しかし、それではビジネスは拡大しない。

ＪＣＬＩ理事長で、明光ネットワークジャパンの経営企画部長も兼務する荻田修《おぎたおさむ》氏は、同校の職員に対し、「定員２０００人を目指す」と公言しているという。規模拡大のためには、でっち上げ書類でビザを得て、日本で出稼ぎを目論む偽装留学生までも受け入れるしかない。その揚げ句、パスポートや在留カードの取り上げといった人権侵害を犯しているのではないか。でっち上げを黙認して留学生を増やしている日本語学校は、何もＪＣＬＩに限ったことではない。また、パスポートなどの取り上げも、他の多くの日本語学校で横行している。とはいえ、ＪＣＬＩを運営する企業の親会社である明光ネットは、教育業界大手の上場企業なのだ。

私は日本語学校問題をテーマに寄稿することになっていた「週刊新潮」の編集部から、同社に取材を申し込むことにした。

その際、申請文と一緒に12項目の質問も送った。質問には、パスポートと在留カードの取り上げ問題も含まれる。

明光ネットに取材申請を送ったのは２０１７年3月27日だった。すると翌日、ＪＣＬＩ内部の情報源から連絡があった。

「週刊新潮から取材が来たと、学校が大騒ぎになっている」というのだ。とりわけ明光ネット側が気を揉《も》んでいるのが、パスポート等の取り上げのようだった。しかし、今さら隠し通すことはできない。私のもとには取り上げの証拠写真があって、パスポートと在留カードを没収された複数の留学生の証言も得ていた。

明光ネットには、取材の期限を「3月30日正午」と伝えていた。同社から「週刊新潮」編集部に連絡があったのは、期限を過ぎた同日午後のことだった。翌31日午後3時、新宿の明光ネット本社で、面談での取材に応じるという。

面談場所となった同社の会議室には、JCLI理事長の荻田氏に加え、明光ネットの副社長である山下一仁《やましたかずひと》氏（2018年11月から同社代表取締役社長）も同席した。私は週刊新潮の担当編集者とともに出向いた。

以下、明光ネット側との主なやり取りである。

――留学生の意に反し、学校がパスポートや在留カードを没収しているとの証拠を得ている。

荻田「パスポート等の預かりには2つのパターンがあります。日本語学校の（留学生の）場合、最長1年3カ月までしかビザが下りない。2年制の学校だと、ビザの延長手続きが必要となる。日本語学校が（入管にビザ更新の）代理申請する際、パスポートと在留カードを入管に提出するので預かります。携帯が義務づけられている在留カードは、（学校側が）『ビザ更新のため預かり中』という著名、捺印したコピーを学生に持たせ、申請が終了すれば返します。

もう1つのケースとして、所在不明、不法滞在の懸念があったり、出席率が低い学生とは日々面談し、学生に反省を促し、学校に来ることを勧め、しかし、それでも変化が表れない学生がいる。そうした学生には、最悪の場合は帰国を促します。学校で（母国へと帰国させるための）チケットを買い、空港に連れていき、帰国させる手続きを取る。そのとき、一時的にパスポートと在留カードを預かることはあります。しかし、常時預かるようなことはない」

――取り上げはしていない、と？

荻田「金庫に保管しているものも確認したが、発見できませんでした」

――ビザ更新時に預かったパスポートや在留カードを、後期分の学費の半分を支払った学生にのみ返すといったやり方をしているようだが。

荻田「（学費）分納の学生から皆、（パスポート等を）預かるとかなりの数になる。それ（学費の支払いを条件にパスポート等を返却というやり方）をしてしまうと、人権侵害になってしまう」

パスポートと在留カードの取り上げ問題に関し、荻田氏はのらりくらりとかわしていた。自ら取り上げを認める気はなさそうである。もはや「証拠」を示すしかなかった。

――「パスポートをコピーする必要がある」といって没収するようなケースもあるようだ。「学生に返すな！」と書かれた写真も入手している。本当に知らないのですか。

この質問によって、荻田氏の態度が一変した。そして観念したかのようにこう述べてきた。

荻田「私は明光ネットワーク（ジャパン）の経営企画部長として、グループ会社の経営管理もやっている。私の知らないことがあるなら、即座に改善していきたい」
そんな答えの後、山下氏からも発言があった。
山下「私も（JCLIの運営会社である国際人材開発の）役員に入っているので、何かしらの漏れがあるなら、すぐに改善していきます」
――私たちが取材を申し込んだ後、「すぐに留学生にパスポートを返せ」と大騒ぎになっていると聞いた。しかし、留学生たちとは連絡もつかず、返しようもない。
荻田「春休みで全員に連絡がつかないのかもしれません。（パスポートと在留カードの取り上げに関し）僕も初めて聞いて、愕然《がくぜん》として……」
山下「代表なんだから、問題があれば直さないとダメです。ルールはルールとして、慣習的なものがあるなら……」
本当に荻田氏は取り上げの実態を知らなかったのだろうか。JCLI関係者によれば、明光ネットによる買収後も前理事長のK氏が副理事長として学校に留《とど》まり、実務を取り仕切っていたという。私が取材を申し込むまで、荻田氏が取り上げを知らなかった可能性はある。ちなみに、取材からしばらく後、K副理事長はJCLIから離れることになった。いずれにせよ、山下氏も指摘するように、現職トップとして荻田氏が責任を免れるわけでもないだろう。
一方、荻田氏は興味深い話も披露している。パスポート等の取り上げ問題に関し、私が最初に質《ただ》した際のところだ。荻田氏は、問題のある留学生を強制送還させるケースについて自ら話した。これもJCLIに限らず、多くの日本語学校で当たり前のように起きている。

日本語学校にとっては、学費の取りはぐれは避けたい。だから留学生には失踪してもらっては困る。一方、留学生は「強制送還」が最も怖い。借金を抱えて母国に戻るわけにはいかないからだ。ただし、日本語学校には彼らを強制送還する権限がある。学校に問題があっても、転校すら認められないのである。

つまり、留学生たちはひとたび入学した学校側に、生殺与奪の権利を握られてしまうことになる。しかも彼らは、入学先の日本語学校がどんなところかもわからず、単に斡旋ブローカーの提携先というだけで送り込まれている。

日本語学校にチェック体制はあるのか

明光ネット側とのやり取りに話を戻そう。

――日本語学校は留学生を受け入れる際、入管当局に留学生の経費支弁能力を証明するための書類を提出しなければならない。しかし、JCLIの学生の書類には、出身国の物価・収入水準から考え、明らかに不正確と思われるものがある。御社のチェック体制は。

荻田「もちろん、チェックして（入管に）提出しています。ただ、母国の銀行などが出す種類については、われわれとしては信じるしかない。明らかに違うものは、エージェントもしくは、うちの先生が直接、銀行に確認することはある」

――現地の銀行などに確認しているのですか？

荻田「そうしたケースがあると聞いています。よほど違和感を感じることがあるのだと思います。細かなチェック表がありますし、（問題がある書類を）出しても入管にハジかれるだけですから」

――いえ、入管はハジいたりしませんよ。

荻田「じゃなくて、全体の書類の適正性がないと、入管はハジきますから」

――入管は見ていませんから。

山下「その子（留学生）の母親の生年月日が違うと（留学ビザが発給されず）返ってきたり結構します」

荻田氏に助け舟を出した山下氏の答えは、図らずも入管行政の実態と限界を指摘している。確かに、入管は「母親の生年月日」のような書類の細部にはこだわる。しかし一方で、経費支弁能力を立証するための書類の数字が正確なのかという肝心の点は、精査しようとしない。書類を発行する銀行や行政機関への「信用」が前提になっているからだ。でっち上げかどうかは、送り出し側に責任を委《ゆだ》ねているのだ。

荻田「われわれは（入管は）見てるという感覚です。書類は（現地から）公的なものが上がってきているという認識なので、そこにたとえば『100万円』とあれば、調べようがありません」

——ベトナム人に見せると皆、数字が「おかしい」と言いますよ。トマトやゴーヤの値段からして違う。人民委員会や銀行だろうと、賄賂さえ払えば簡単にハンコをついてくれる。ベトナム人のスタッフもいて、ベトナムから留学生を３００人近く受け入れていて本当にわからないのか？

荻田「重要な問題ですが、客観的に書類を判断するしかない。日本人の社員も現地に行かせ（留学生と）面談もするようにしています」

——現在は厳しくなっているのかもしれないが、過去は相当おかしいものがあったのでは。

荻田「私も日本語学校の経営を初めてやってみて、出井さんがおっしゃるような話があるとは聞いています。トマトの値段がどうとか、日本では考えられない話で驚くしかない」

山下「厳格に、現地のエージェントを含めて、われわれがフィルターをかけていく必要がある。入管もそういう方針のようですし。（留学生には）学ぶ目的で来てほしいし、そうでなくてはよくない。（日本語学校が）犯罪を助長していると思われるのも好ましくない」

——急増中の留学生には、就労目的で来日し、法律の上限を超えてアルバイトに従事する者が多く含まれる。ＪＣＬＩはどうやって選別しているのか。

荻田「アルバイトをしている学生が多いのは事実です。しかし、28時間以上やっているかどうかは確認が取れない。アルバイトばかりしていれば学校にも来られなくなる。毎日、登下校のときに先生が（留学生の）顔色は確認していますが……」

山下「入学した後のケアも必要でしょう。日本語のスピーチコンテストで表彰したり、出席率のよい学生を表彰したりといった工夫も必要となる」

――当初から出稼ぎが目的の留学生も多いが。

荻田「確かに、そうした形（出稼ぎ目的の留学生の受け入れ）で（留学生は）30万人まで到達したと聞いている。われわれ（の学校）も１０００人を過ぎると（かなりの）規模感になっていて……。不法就労にならないよう指導に注力しています」

――やはり留学生の数を求めると問題が起きるのでは？

荻田「無理のない増え方をしてきたなら問題はないが、ＪＣＬＩの場合、（明光ネットが買収した）昨年（２０１６年）３月までの数年でグッと増えていますので、そこがちょっと〝制度疲労〟が起きているのかもしれない。何でも規模拡大とは考えていません」

――ＪＣＬＩの職員に対して「留学生の定員２０００人を目指す」「日本一の日本語学校を目指す」と語っている真意とは。

荻田「日本語学校の定員は（１年で）５割の増員が認められる。現在の（定員）１３８０名をベースにして（一度増員すれば）２０００名ということです。『日本一』というのは留学生の満足度、教育環境の改善を図り、努力するという趣旨です」

――私は約1年間にわたってＪＣＬＩの取材を続けてきました。そこから見えてきた学校の実態は、利益追求のため規模拡大に邁進《まいしん》する一方、留学生のパスポート等の取り上げといった人権侵害も犯してしまう、およそ教育機関とは思えないものです。その運営企業としての責任をどう考えるのか。

荻田「きちんと指導しているつもりだが、私の知り得ていない、管理しきれていないところは即刻改めていきたい」

そして荻田氏は、こうも続けた。

「(明光ネットが運営する以前の負の)レガシー的なところが残っていて、ご指摘のような問題につながっているのかもしれない。変えていかないと取り返しのつかないことになる。私が把握しきれていないところについては反省しているというか、驚愕しているというか、ひとことで言うと、私の管理能力が不十分ということになる」

明光ネットは、子会社を通じて運営するJCLI日本語学校で、留学生のパスポートや在留カード取り上げが起きている実態について否定しきれなかった。そして理事長の荻田氏は自らの非も認めた。JCLI関係者によれば、私の取材後、パスポート等の取り上げはなくなったという。

JCLIでは、明光ネットによる買収前の数年間は毎年のように定員増が続いていた。しかし、買収後は定員1380人から増えていない。とはいえ、ベトナムなどアジア新興国からの留学生の受け入れは止まっていない。

8割以上の日本語学校が「悪質」

２０１８年12月に成立した改正入管法の国会審議では、日本語学校の問題についてはほとんど議論がなかった。唯一、共産党の議員から質問は出たが、それも「株式会社」経営の日本語学校が営利目的に走っているといった程度の指摘でしかなかった。新聞などでは日本語学校の問題が取り上げられることがたまにあるが、やはり「一部に悪質な学校が存在する」といった論調だ。ＪＣＬＩのようなケースは例外であって、大多数の日本語学校は真っ当に運営されているという認識なのだ。

しかし、私が取材してきた印象では、むしろ偽装留学生の受け入れを拒んでいる日本語学校の方が珍しい。学校法人が経営する日本語学校であろうと大差なく、より悪質な学校も存在する。では、「悪質な」の日本語学校の割合とは全体のどれくらいに上るのか。

それを知るうえで興味深い研究がある。一橋大学大学院博士後期課程に在籍する井上徹氏がまとめ、２０１９年3月下旬にウェブ上で公開予定の『日本語教育の危機とその構造―「１９９０年体制」の枠組みの中で―』という論文だ。

この論文で井上氏は、文部科学省がまとめた「平成29年度日本語教育機関における外国人留学生への教育の実施状況公表について」という資料をもとに、日本語学校の分析を試みる。文科省の資料には、４５９校の日本語学校に在籍する国籍別留学生、日本語能力試験合格者、進学者の数といった情報が載っている。井上氏が着目するのが、日本語能力試験「N1」と「N2」の合格者数と専門学校や大学などへの進学者数の乖離《かいり》だ。

専門学校などの授業についていこうとすれば、最低でもN2の日本語レベルは必要となる。にもかかわらず、日本語能力を問わず、留学生を受け入れる学校は増えている。少子化の影響で私立大学の半数近くは定員割れの状況にある。専門学校に至ってはさらにひどい。そのため営利目的で、偽装留学生の受け入れで生き残りを図っているのだ。一方、留学生は日本語学校から専門学校などに進学すれば留学ビザを更新でき、出稼ぎを継続できる。

文科省の資料を井上氏が調べたところ、459校のうち366校が進学者数を公表していた。残りの93校は新設校で進学者が出ていない。そして366校全体で、N1もしくはN2の合格者は2016年度で1万3538人、進学者は3万6718人だった。つまり、半数以上がN2の資格を持たず、専門学校などへ進学している。こうした進学者は、偽装留学生である可能性が高い。

さらに井上氏は、各日本語学校のN1とN2合格者と進学者の比率を調べた。比率が高ければ、日本語能力を身につけた留学生が進学していることになる。結果は、進学者全員がN2以上に合格し、井上氏が「優良校」とみなす学校が11・2%、70%以上が合格という「普通校」が16・1%だった。一方、N2以上の合格者の比率が4割以下の「不良校」が57・2%にも上っていた。ちなみに、前述のJCLI日本語学校の場合、N1とN2合格者は73人に対し、進学者は372人である。進学者に占めるN2以上の割合は20%にも満たず、井上氏の分類では「不良校」となる。

日本語学校の数は2018年8月時点で711校まで増えていて、文科省の資料に載っていない学校も252校に上る。93校の新設校に加え、こうした未登録校も、偽装留学生の受け入れによって成り立っている疑いが強い。一方、井上氏が「優良校」か「普通校」とみなす日本語学校の数は、文科省のデータを提出した459校のうち100校に過ぎない。そのなかにも偽装留学生を一部受け入れている学校はあるはずだが、この100校を除けば、711校の大半は「悪質」とみなすことができる。つまり、少なくとも8割以上の日本語学校は、偽装留学生の受け入れで経営が成り立っている疑いが強い。

留学生が日本語レベルを証明する試験には、他にも独立行政法人「日本学生支援機構」(JASSO)が実施する「日本留学試験」などがある。日本語能力試験を受けず、日本留学試験のみの成績で進学する留学生もいる。それでも井上氏の研究は、日本語学校の実態を知るうえで貴重なものである。

日本語能力試験は日本国内のみならず、世界各国で受験できる。N1合格者は国内受験者だけで2012年から4000人以上増え、17年には2万3378人に達した。N2に至っては3万4570人と、5年間で2倍近くになった。しかし、同試験を統括する独立行政法人「国際交流基金」と公益財団法人「日本国際教育支援協会」は、国籍別の合格者を公表していない。

井上氏が集計した文科省の資料も同様、公表しているのは日本語学校別の合格者までで、国籍には触れていない。

国籍別に公表すれば、合格者が中国や韓国など漢字圏の出身者に偏っていることが証明される。そうなれば、ベトナムなどアジア新興国の「留学ブーム」によってやって来た外国人たちが、実際には出稼ぎ労働者に過ぎず、しかも日本語学校の教育が全く機能していないことも明らかになってしまう。それは日本語学校業界、そして日本語教育を推進する文科省や外務省、また「留学生30万人計画」を主導する安倍政権にとっても都合が悪いのだ。

経営者に「韓国人」「中国人」が多い理由

日本語学校の経営者には、在日中国人や在日韓国人が極めて多い。JCLIの運営企業である国際人材開発も、明光ネットに買収されるまで在日韓国人の経営だった。その背景には、日本語学校業界の歴史が影響している。

日本語学校の設立ブームは、政府が「留学生10万人計画」の達成を目指していた1990年代後半から2000年代前半にかけて一度あった。日本語学校を統括する一般財団法人「日本語教育振興協会」のデータによれば、日本語学校の留学生数は1996年の1万1124人が2003年までに4万2729人と4倍近くになった。同じ時期、日本語学校の数も287校から409校へと増えている。

現在の「留学生30万人計画」と同様、「10万人計画」の最中にも留学ビザの発給基準が大幅に緩んだ。結果、中国を中心に偽装留学生が大量に流入した。そして中国人に続く多さだったのが韓国人留学生だ。この頃、留学生として来日した中国人や韓国人たちに祖国とのコネクションを活《い》かし、日本語学校の経営を始めた者がいる。だから日本語学校には、中国人や韓国人経営の学校が多いのだ。

「留学生10万人計画」は２００３年に達成された。そして同じ年、日本中を震撼《しんかん》させる事件が起きる。中国人留学生３人による「福岡一家４人惨殺事件」である。日本人の夫婦と子どもの家族４人が殺害され、遺体が博多《はかた》湾で見つかった痛ましい事件だ。

３人の中国人留学生は皆、日本語学校を入り口に来日していた。そのうち２人は私立大学と専門学校に進んでいたが、いずれも生活費の工面に苦労していた、そこで犯行に及んだのである。この事件もきっかけとなり、留学ビザの発給基準はいったん厳しくなった。

その後、事件のほとぼりが冷めた5年後の08年、福田《ふくだ》康夫《やすお》政権が「留学生30万人計画」を策定した。当時約12万人だった留学生を２０２０年までに30万人まで増やすという計画だ。そして今度は、中国に代わってベトナムなどアジアの新興国から偽装留学生が流入する。その結果、日本語学校の留学生が急増し、業界は２０００年代前後とは比べものにならない〝バブル〟に沸くことになる。

自らも留学生だった中国人や韓国人、さらにはかつて中国などから偽装留学生を入学させていた日本語学校経営者は、「偽装留学生ビジネス」に精通している。違和感や罪悪感を抱くこともなく、偽装留学生の受け入れに邁進しがちだ。結果、彼らの経営する学校が規模を拡大し、大きな利益を上げることになる。そう考えると、ＪＣＬＩ運営企業の買収に12億５０００万円を使った明光ネットは、前経営者の在日韓国人の尻拭《しりぬぐ》い役となったとの見方もできる。

専門学校や大学へと「売買」される留学生

２０１８年9月、大阪市の専門学校「日中文化芸術専門学校」で３００人以上の留学生が退学となっていたことが発覚し、新聞などで大きく報じられた。同校は定員を大幅に上回る留学生を受け入れた後、管轄の大阪府などから是正を求められ、一部の留学生を退学にしていた。退学となった留学生のうち7人のベトナム人は、同校の張永勝・理事長らに損害賠償を求める訴えを起こしている。

なぜ、「日中」を名乗る専門学校にベトナム人留学生が在籍し、定員超過の末に退学という事態が起きたのか。この事件には、日本語学校から専門学校、さらには大学にも広がる偽装留学生ビジネスの闇が象徴されている。

「読売新聞」の調査（２０１８年10月8日朝刊掲載）によれば、留学生の割合が9割以上という専門学校は全国で少なくとも72校、学生全員が留学生という学校も35校に上っている。日中文化芸術専門学校も9割以上が留学生だった。

日本語学校の関係者と話すと、専門学校の「営業」に関する話題がよく出る。少子化で学生不足に陥った専門学校が、日本語学校を回って営業し、留学生の受け入れで経営難を凌《しの》ごうとしているのだ。首都圏の日本語学校経営者はこう話す。

「日本語が全くできなくても留学生を入学させる専門学校はいくらでもあります。私たち日本語学校に対し、専門学校側が確認するのは、留学生の出席率と学費の滞納があるかどうかだけ。学校から失踪せず、きちんと学費を払う学生なら誰でも入学を認めるのです」

日本国内の日本語学校を卒業した留学生は、語学力が問われず専門学校や大学に入学できる。つまり、日本語の全くできない偽装留学生であろうと、学校側が認めれば進学も可能なのだ。

留学生の入学が決まれば、専門学校から日本語学校へ「手数料」が支払われるケースもある。日本語学校は海外から留学生を受け入れる際、送り出し国のブローカーにキックバックを払っている、そのぶんを専門学校からの「手数料」で取り返す。こうしてブローカーから日本語学校、さらには専門学校へと、留学生たちが「売買」されていく。

かつて文部科学省は、専門学校における留学生の割合を学生全体の50％以下にするよう定めていた。だが、その規制は２０１０年に撤廃された。08年に「留学生30万人計画」がつくられ、政府ぐるみで留学生を増やし始めた影響だ。

留学生が50％を超える専門学校に対しては、今も所轄の都道府県から指導は入る。しかし、「日本人の学生を集める努力はしている」と答えれば、それ以上は咎《とが》められない。結果、留学生頼みの学校は増える一方だ。留学生が学生全体の9割以上を占める関西地方の専門学校幹部が言う。

「問題となった日中文化専門学校は、営利目的で大幅な定員超過をやっていました。それはさすがに行政も見逃さなかった、しかし、留学生を大量に受け入れている学校の実態は、うちも含めてどこも似たようなものですよ」

ちなみにこの幹部の学校も日中文化芸術専門学校と同様、経営者は在日中国人だ。幹部のもとには、留学生の受け入れを思案している専門学校から相談が届く。日本人の学生不足がとりわけ深刻な介護関連の専門学校からの問い合わせが多いという。

「留学生たちは出稼ぎ目的で、ビザ更新のためだけに専門学校に進みます。勉強する気などない。そんな留学生を受け入れれば授業の質は落ち、日本人の学生はさらに減ってしまう。学校にとって留学生は〝禁断の果実〟なんです。ひとたび受け入れれば、後戻りはできない。相談を受けた際には、そう説明するようにしています」

偽装留学生の受け入れによる定員超過は、「留学生10万人計画」の時代にも似たような事件があった。最も知られているのが2001年に発覚した「酒田短大事件」である。

当時、東京の都心に「サテライトキャンパス」と称する分校を構える地方の短大が目立った。偽装留学生を受け入れたくても、地方にはアルバイト先が乏しい。そこで都心に形式的な「キャンパス」を設け、出稼ぎ目的の偽装留学生を入学させていた。なかには定員を大幅に上回る留学生を受け入れる短大もあった。その1つが酒田短大で、受け入れられていた中国人たちは大学に籍だけ起き、不法就労に励んでいた。

事件の発覚で、酒田短大は03年に廃校に追い込まれた。だが、その後、当時の経営者は専門学校の運営に乗り出した。そしてこの学校は現在、ベトナムなどの偽装留学生で溢《あふ》れている。偽装留学生ビジネスには、ひとたび手を染めれば抜けられない旨《うま》味があるのだろう。

「学部研究生」という抜け道

偽装留学生の存在をビジネスチャンスと捉《とら》えているのは、専門学校だけではない。日本人の学生にそっぽを向かれた大学でも、偽装留学生によって生き残りを図ろうとする動きが進んでいる。

最近では、留学生に特化した「学部研究生」というコースを設けるような大学も増えている。大学が学部の定員を増やそうとすると、文部科学省の認可が必要となる。また、政府は東京への学生の集中を避けるため、2018年度からの10年間は都内23区の大学定員増を認めない方針も打ち出している。ただし、留学生に関しては例外となる。

とりわけ首都圏の大学で増えつつある「学部研究生」コースは、留学生に特化した1年のプログラムだ。対象は日本語学校の卒業生で、大学への進学準備のための「予備校」という位置づけだ。このコースが、専門学校にも入れない偽装留学生の受け入れ先となっている。本章の冒頭で紹介したJCLI日本語学校の卒業式に出席していたベトナム人のトラン君も、都内にある大学に学部研究生として進学した。

彼が入学した2017年、この大学は約3000人の留学生を学部研究生として受け入れた。そのうちベトナム人とネパール人だけで学部研究生の過半数に上る。政府は毎年、各大学の学生数に応じて「私立大学等経常費補助金」（私学助成金）を交付している。ただし、学部研究生は「学生数」にカウントされない。そのため定員増も自由にできてしまう。

トラン君が入学した大学の学部研究生コースは、入学金を含めて学費は年65万円だ。日本語学校レベルで、専門学校よりも20万〜30万円ほど安い。その点も偽装留学生に人気となる。一方で、大学側にとってはビッグビジネスである。3000人から年65万円が徴収できれば、20億円近い大金が転がり込む。

学部研究生となる留学生には、日本の難関大学の受験を目指す中国人などもいる。留学ビザ更新のためだけに学部研究生となり、実際には大学受験のための「塾」に通うというパターンだ。しかし、大半は出稼ぎ目的の偽装留学生で、授業の中身は日本語学校と変わらない。「作文」と「面接」の入試はあるが、それも形式に過ぎない。日本語学校の出席率さえ「8割」を超えていれば、誰でも入学できてしまうのだ。この大学の学部研究生コースは、日本語学校関係者の間では、専門学校進学に失敗した偽装留学生の「最後の砦《とりで》」として知られている。

学部研究生コースは1年に限られる。だが、大学は偽装留学生たちを簡単には手放さない。

〝優秀な〟留学生は自らの学部へ進学させる。そして、それ以外の留学生は傘下の専門学校で受け入れ、さらに2年間、学費を搾り取っていく。

送り出し国のブローカーから日本語学校を経て、専門学校や大学へも広がっている偽装留学生ビジネス――。経営者たちは、あの手この手で暴利を貪《むさぼ》っている。ただし、その陰では、学校に都合よく利用され、また良心の呵責《かしゃく》に悩み、苦しんでいる日本人たちも存在する。

第四章 「日本語教師」というブラック労働

偽装留学生と日本語学校の狭間で苦しむ

日本語学校は本当に「学校」と呼ぶに値する存在なのだろうか。高校や予備校であれば、進学実績が学生集めを左右する。しかし、日本語学校の場合は進学実績など関係なく、留学生の送り出し国にコネクションさえあればよい。斡旋《あっせん》ブローカーとつながりがあるか、もしくは現地で日本語学校を経営していれば、留学生は簡単に集められる。

一方、出稼ぎ目的の留学希望者にとっても、入学先となる日本語学校の進学実績など意味はない。留学ビザが確実に得られ、学費は安く、そしてアルバイトが見つけやすい場所にあることが何より重要なのである。

前章でも触れたように、日本語学校の教育レベルは日本語能力試験の合格者数を見れば見当はつく。だが、合格者など出していなくても、行政から指導やペナルティを受けるわけでもない。教育の「質」が全く問われず、留学生の「数」を増やし、ひたすら利益追求に走れるのが日本語学校業界なのである。

そうした現状のもと、偽装留学生と日本語学校の狭間《はざま》で悩み、苦しむ人たちがいる。現場の日本語教師たちである。その苦悩は、理想を持って教師となった人ほど深い。

そんな1人が、現在は東京都内の日本語学校で教鞭《きょうべん》を取っている鈴木信博さん（仮名・30代）だ。彼は2017年、かつての勤務先である日本語学校を相手取り、損害賠償訴訟を起こした。

なぜ、鈴木さんは訴訟に至ったのか。まず、彼の歩んだ道から振り返ってみよう。

「月収10万円」の非正規労働

鈴木さんは大学卒業後、葬儀会社で働いていた。「日本語教師」を目指したのは、ほんの小さなきっかけからだった。仕事で葬儀を取り仕切った後、香炉に残った灰をふるいにかけていて、ふとこんな思いが頭に浮かんだのだという。

「自分は『日本語』について何も知らないな」

語学には学生時代から興味があった。大学では中国語やラテン語、ギリシャ語、満州《まんしゅう》語まで学んだ。そんな彼が「日本語」に関心を持ち、大手日本語学校の日本語教師養成講座を受けることになった。葬儀会社での勤務を続けながらのことだ。

日本語教師になるには3つの道がある。大学の日本語教育課程を修了するか、日本語教育能力検定試験に合格、もしくは教師養成講座を受講することだ。最も一般的なのが養成講座を受けるパターンである。講座は計420時間で、鈴木さんは週2回受講し、1年かけて資格を得た。費用は60万円だった。そして2012年、葬儀会社の仕事を辞め、A日本語学校で非常勤講師として働き始めた。

日本語学校業界では、常勤講師は教師全体の3割程度に過ぎない。学校側としては、非常勤講師を雇えば人件費が抑えられる。「非常勤講師」といっても非正規のアルバイトだ。鈴木さんの賃金は1コマ45分の授業が約1500円だった。1日4コマを担当し、週5日働いて月収は10万円程度にしかならない。収入は葬儀会社のときよりもずっと減った。

日本語学校を統括する一般財団法人「日本語教育振興協会」は、日本語学校のクラスを20人以下にするよう定めている。留学生の支払う学費は年70万円程度だ。1クラスに20人の留学生がいれば、学校側は1400万円の収入となる。一方、鈴木さんの年収は120万ほどだった。やり方次第で、日本語学校がどれだけ儲《もう》かるか想像できる。

日本語学校の急増によって教師不足は著しい。養成講座も多くの大手校が実施している。しかし、賃金は大きく上がっておらず、教師の成り手も増えていない。主婦や仕事をリタイアした高齢者などが現場を支えているのが実態だ。

鈴木さんが働くことになったA校は、もともと韓国人留学生を中心に受け入れていた。しかし東日本大震災以降、韓国からの留学生が大幅に減り、ベトナムやネパールからの受け入れにシフトした。鈴木さんが教師となった2012年は、日本への「留学ブーム」が加速し始めた頃である。彼が担当したクラスも、大半がネパール人だった。

東日本大震災以前に来日していた韓国や中国出身の留学生にも、出稼ぎ目的の者は少なからずいた。しかし、日本と同じ漢字圏ということで、日本語能力はアジア新興国の留学生と比べて格段に高かった。きちんと教えれば語学力が目に見えて向上し、教師にとってもやりがいがあった。その点、ベトナムやネパールなどの留学生の場合、当初から学習意欲に欠ける者が多い。

「もう、これからは（日本語能力試験）N2に合格するような学生は日本には来ないよ」

鈴木さんは当時、同僚のベテラン教師が漏らした言葉を覚えている。その後、ベテラン教師の予言は現実となる。日本語学校業界はアジア新興国の偽装留学生への依存を高め、学校の質も劣化の一途を辿《たど》っていく。

「だけど、A校はまだマシでした。ネパール人留学生たちはアルバイトばかりしていましたが、それでも授業には出席し、日本語を学ぼうという気持ちだけは見せていた。後に私が働いた日本語学校には、全く授業にならないような学校もあります。学生が寝ていてくれればいいのですが、携帯でゲームをしていたり、授業中に教室を歩き回ったりして、完全に授業が崩壊していた」

それでも日本語教師は授業をしなければならない。精神的な苦痛は計り知れない。しかも賃金は安いという、まさに「ブラック労働」と呼べる環境に置かれているわけだ。

ベトナムでの教師生活とは

鈴木さんにベトナム赴任の話が舞い込んだのは、日本語教師となって1年が経った2013年のことだった。

A校と関係のあったベトナム事情通の日本人から、現地に日本語学校をつくる計画がもたらされた。ベトナムの日本語学校経営者には日本人が少なくない。「NPO理事長」という肩書きを持つこの日本人も、すでにハノイで複数の日本語学校を経営していた。

A校は学校立ち上げに協力し、現地から留学生を受け入れようと考えた。そこで鈴木さんが、新設される日本語学校に送り込まれることになった。

赴任先となったのは、在留邦人が数人しかいないベトナムの田舎町だった。ハノイやホーチミンのような大都市とは違い、「日本人」というだけで好奇の視線が飛んでくる。ベトナムを訪れた経験もなく、海外生活も初めての鈴木さんには戸惑うことばかりだった。そんななか、ベトナム人のやさしさが身にしみたという。

「老若男女を問わず、出会う人たち誰もが笑顔で接してくれるのです。日本では、よほどの田舎にでも行かない限り、そんな経験はできないですよね。私もベトナム人たちとコミュニケーションを取ろうと、一生懸命にベトナム語を覚えようとしました」

鈴木さんはまず、学生のリクルートから始めた。高校や大学を回って勧誘し、50人以上の学生を確保した。町には他に日本語学校がなかったことも幸いした。また、鈴木さんが「日本人」ということも、学生集めに役立ったのは間違いない。

この頃から、ベトナム各地で日本語学校が増え始めていた。現地の学校では、日本から戻ったベトナム人実習生が教師となって、片言の日本語で授業をしているケースも多かった。集まってくる学生の大半は、日本への出稼ぎ希望者である。彼らの関心は、授業の質よりも「本当に日本に行けるのか」ということに尽きる。にわかに設立された日本語学校には信用もない。その点で、日本人教師のいる学校は日本とのコネクションを誇示でき、学生も安心感を覚える。鈴木さんは「客寄せパンダ」の役割も担っていた。

ベトナムの「留学ブーム」に関し、日本の新聞やテレビは「帰国後に現地の日系企業で働こうとして、日本語の学習熱が高まっている」といった解説をしがちだ。しかし、それは全く違う。日本語を学ぶだけなら、日本へと留学しなくても現地でできる。留学ブームの正体とは、日本への出稼ぎなのである。

鈴木さんが派遣されたB日本語学校には、昼と夜のコースがあった。昼のコースは3カ月間、夜は6カ月間かけ、計250時間の授業を行なう。B校は留学生に加え、実習生としてもベトナム人を日本へ送り出そうとしていた。250時間分の日本語を教えれば、実習生の送り出しにも役立つ。留学生と実習生の送り出しを兼ねるのも、ベトナムの日本語学校でよくあるパターンだ。

学生がB校に支払う学費は、昼の3カ月コースが月250ドル（約2万8000円）、夜の6カ月コースで月125ドル（約1万4000円）だった。学校のある町の賃金はハノイのような都会よりも安く、鈴木さんによれば「スーパーのレジで仕事をして月1万円程度」に過ぎなかった。学費の負担は学生にとって小さくない。

一方、学校側には、学費よりも大きな収入があった。日本からのキックバックだ。日本のA校に留学生を送れば、1人につき8万円の手数料が入ることになっていた。留学生がA校に支払う学費の一部がB校へと還元される。

実習生を送り出す際には、「送り出し機関」を通す必要がある。B校はホーチミンの送り出し機関と提携していた。送り出し機関といっても人材派遣業者で、実習希望者は日本円で約40万円の手数料を支払う。ベトナム人には相当の大金だが、それでもハノイの機関と比べれば手数料は半分程度ではあった。

実習生の斡旋手数料に関し、ベトナム労働・傷病兵・社会省（MOLISA）は「3600ドル」（約40万円）という上限を設けている。こうして政府が斡旋手数料の存在を認め、しかも上限まで定めることは、実習制度の趣旨に反する。実習生を送り出す国の業者、そして日本で受け入れを担う「監理団体」も、営利目的の斡旋は禁じられている。しかし実際には、実習生の斡旋は送り出し国と日本の双方でビジネスとなっている。

しかもベトナムの場合、ＭＯＬＩＳＡが定める「３６００ドル」という上限すら守られていない。手数料以外に様々な名目をつけ、実習希望者から上限以上の金を徴収しているのだ。とりわけハノイなどベトナム北部では、現在も１００万円以上の手数料を実習希望者から取るような送り出し機関も少なくない。

送り出し機関に学生を紹介すれば、Ｂ校には１人につき10万円のキックバックが入った。つまり、Ｂ校としては「留学」であれ「実習」であれ、とにかく学生を日本へ送れば収入が増えるわけである。

「月15万円」稼げるという嘘で勧誘

鈴木さんに与えられたミッションは、現地で留学希望者をできるだけ多く集め、日本のＡ校へと送り込むことだった。そこでＢ校に入学したベトナム人たちに対し、こんな言葉で日本へと留学を勧めた。

「実習生は日本で最長3年（当時）までしか働けません。でも、留学生として日本へ行けば、日本語学校の2年に加え、専門学校に進学して2年の計4年は働けます。専門学校を卒業すれば、日本で就職し、さらに働くことができるのです」

現地の斡旋ブローカーが、留学生勧誘のために使うセールストークとほぼ同じ内容だ。

鈴木さんはA校から、留学生勧誘のための資料も渡されていた。そこには、日本のアルバイト事情についてこう記してある。

〈アルバイト　時給750〜850円　時給1000円／AM0：00〜5：00
職種　工場　日本語をあまり使わないでいい。レストラン　皿洗いなど日本語を少し使う。
賃金　平均月に9万〜15万円もらえます。今日本にいる学生は月に15万円くらいもらっています。年間110万〜180万円くらいもらっています。〉

この資料に沿って、鈴木さんは学生に「週28時間以内のアルバイトで月15万円を稼げる」と説明していた。しかし、そこには明らかに嘘がある。A校の資料にはアルバイトの時給が「750〜850円」と記してある。時給が割り増しとなる深夜でも「1000円」である。深夜時給の1000円を得ても、「週28時間以内」の仕事では月12万円程度にしかならない。つまり、来日した留学生が「月15万円」を稼ごうとすれば、アルバイトをかけ持ちし、法律に違反して働くしかない。

ベトナムのブローカーには、「日本に留学すれば月20万〜30万円を稼げる」「週28時間以内という制限は簡単に違反できる」といった宣伝をしているところもある。それに比べ、「月15万円」は控えめではあるが、ベトナム人を欺いていることには変わりない。

A校の資料は、日本のアルバイト事情を説明したうえでこう結んである。

〈結論　最初68万円必要ですが、十分働きながら勉強できます。〉

しかし「68万円」は、初年度の学費に過ぎない。それ以外にもB校は、留学ビザ取得のための「書類作成費用」として10万円を徴収していた。そこにA校の寮費、渡航費など加えれば、留学生の負担は軽く１００万円を超える。

さらには来日後、アルバイト収入が入るまでは生活費もかかる。結局、留学生には１５０万円前後が必要となってしまう。そんな借金の返済に追われながら翌年分の学費も貯めようとすれば、「月15万円」の収入では足りない。鈴木さんは言う。

「（B校の）関係者がいないときを見計らい、学生には『月15万円を稼ぐためには、日本語が上達していないとダメだよ』といった話もこっそりしていました。だけど、ベトナムに行った頃の私は、日本語教師として駆け出しで、日本語学校の実状についてもまだまだ知らなかったのです」

鈴木さんがA校の指示で行なった勧誘は、現地に出先のある日本語学校に共通する手法だ。こうした勧誘の手法に関し、最近になって裁判も起きている。

原告となったスリランカ人留学生は２０１６年、佐賀県鳥栖《とす》市の日本語学校「日本文化教育学院」がスリランカに設けた子会社を通じ、同校に留学した。その際、日本に行けば「月２００時間は働ける」と説明を受けていた。「週28時間以内」を大きく超える就労時間である。しかし実際には働けず、学費滞納で退学処分を受けることになった。その処分に対し、スリランカ人留学生は約２５４万円の損賠賠償訴訟を起こした。

2019年1月に佐賀地裁で下った判決は、スリランカ人留学生の請求を一部認め、日本文化教育学院に対して約78万円の支払いを命じた。このニュースを報じた「佐賀新聞」(2019年1月26日ネット版)には、留学生の支援者のこんなコメントが載っている。

「日本語学校との力関係から表に出ないだけで、退学になって強制帰国となるケースは何例もある。法的支援とつながった今回は珍しい」

まさにその通りである。留学希望者に違法就労を促しての勧誘、また学費滞納などによる強制帰国も、日本語学校業界では当たり前のように横行している。留学生に声を上げる術《すべ》がないため、表に出ないだけなのだ。鈴木さんも後に勤務した日本語学校で、留学生を強制送還する役目を担うことになった。その一件についてはこの章の後半で詳述する。

今回の判決に関して報じたのは、私の知る限り地元紙の佐賀新聞だけだ。しかし、日本語学校関係者の間では衝撃が走ったに違いない。同様の裁判が次々に起きるようになれば、日本語学校業界自体が根底から揺らぐことになるだろう。

「奴隷貿易」の片棒を担ぐことに

話を鈴木さんが赴任したベトナムのB校に戻そう。

B校には、実習生の送り出しをビジネスにしている現地在住の日本人が時々やってきた。ある日、その日本人から鈴木さんにこんな指示があった。

「学生全員の身長、体重、視力、病気の有無を調べろ」

理由を尋ねると、実習生の受け入れを希望する日本の農家が、「体格がよく、健康なベトナム人を送ってくれ」と要望しているのだという。学生には女の子もいる。体重まで尋ねるのは気が引けたが、仕方なく従った。

実習生の場合、男女どちらの採用を希望するかは職種によっても違う。工場や建設現場では、体力のある男性が好まれる。一方、農家の仕事は、根気が必要な単純作業が中心だ。女性の方が向いていると考える農家も多い。

鈴木さんの派遣元であるA校も、女子を留学生として受け入れたがっていた。学費の滞納や失踪《しっそう》の危険が少ないとみなしているからだ。こうした日本側の事情、ベトナムの送り出し現場の実態がわかっていくにつれ、鈴木さんは次第に自分の仕事に疑問を覚えていった。

「私はベトナム人に日本語を教え、将来に役立ててもらいたかった。でも、実際にやっているのは、とにかく日本に行く留学生の数を増やすことでした。教師として日本語をきちんと教えているかどうかなど、誰も気にしてはいなかったのです」

日本側の日本語学校にとっては、実は日本語ができない留学生の方が好都合なのである。来日時に日本語能力試験「N3」に合格している留学生を受け入れたとしよう。そんな優秀な留学生であれば、数カ月で「N2」に合格するかもしれない。そうなると、2年間の在籍期間が終わる前に、大学や専門学校に進学できてしまう。日本語学校は「卒業」しなくても、在籍途中であろうと進学が認められる。その場合、日本語学校には学費が入らず、ビジネス面でのマイナスが生じる。

日本各地の日本語学校で「学級崩壊」が起きているのも、同じ事情からである。留学生が真面目に日本語を習得し、卒業前に学校から去ってしまえば学校は困る。つまり、授業の質が悪く、日本語が上達しない方が、学校にとって都合が良い。だから「学級崩壊」が起きようと学校側は気にしない。むしろやる気のある日本語教師がいて、留学生たちにきちんと日本語を教える方がよろしくないともいえる。

ベトナムでの日本語教師生活を通し、鈴木さんには現地と日本側の日本語学校が結託し、ベトナム人たちを食い物にしている実態が見えてきた。理想を抱いてベトナムに渡った鈴木さんには、つらく厳しい現実だった。

「まるで自分が、奴隷貿易の片棒を担いでいるような気持ちになって、いたたまれなくなりました」

鈴木さんは、子どもの頃に観たテレビアニメのことを思い出したという。フジテレビ「世界名作劇場」で１９９５年に放送された「ロミオの青い空」という作品である。

この物語では、スイスの小さな村で暮らしていた少年が、家族によって奴隷商人の「死神」に売られていく。そして少年はイタリアの都市ミラノに連れていかれ、煙突掃除の仕事をやらされることになる。

当時、鈴木さんは主人公と変わらない年齢だった。90年代の日本には、子どもが売られていくような貧しさはない。それだけに鈴木さんには衝撃的で、今もストーリーが頭に焼きついている。

「今、自分があの『死神』になっている……」

ベトナム人の留学生たちを自分が日本へと売り飛ばし、人身売買の餌食《えじき》にしているのではないか。そう考えると、自分自身が許せなかった。

ベトナムで「死神」の役目を任されながら、鈴木さんの待遇は惨めなものだった。A校からは「月500ドル」（約5万5000円）の給与が保証されていた。だが、実際に支払われたのは半分の250ドルに過ぎなかった。ベトナム人でもやっと生活していける程度の賃金である。

A校が日本から援軍に送ると約束していた教師も、一向にやってくる気配はなかった。生真面目な鈴木さんは授業の質を上げようと土日もなく働いた。その揚げ句、病を発症してしまう。そしてベトナム赴任から数カ月後、日本へと戻ることになった。

日本語学校を相手取った損害賠償訴訟

その後、身辺整理のため再びベトナムを訪れた際、驚くべき事実が発覚した。A校は鈴木さんの就労ビザを申請しておらず、不法就労状態だったのだ。

「用事で現地の公安警察に行くと、そう告げられました。あと少しベトナムを離れるのが遅れていたら、私は逮捕されていたかもしれなかった。ハノイやホーチミンなど大都市の日本語学校で働いている日本語教師も、実は就労ビザを取らずに働いている人が多い。ただし、私のいたような田舎では日本人は目立ってしまう。公安は何かあれば逮捕できるように、私に目をつけていたようでした」

鈴木さんが日本へと送り込んだ留学生たちは、来日後に「週28時間以内」という法定上限を破って働いたに違いない。その一方で、鈴木さん自身もベトナムで不法就労をしていたわけである。

鈴木さんはA校を相手取り、損害賠償訴訟を起こすことにした。病の後遺症が残り、今も病院通いが続いている。だが、学校側は労災を認めなかった。加えて、A校が就労ビザを取得せずベトナムへと派遣したこと、日本での違法就労を助長する勧誘をさせたことも、訴訟に至った理由である。

鈴木さんは賠償金目当てで訴訟を起こしたわけでもない。訴訟によって、日本語学校業界が変わればと願ってのことだ。

「どう考えても、日本語学校の現状は異常です。決してA校だけの問題ではありません。『留学』とは名ばかりで、実態は人身売買が横行している。まさに『ロミオの青い空』で描かれた世界と同じです。ベトナムと日本側の日本語学校という『死神』が、ベトナム人の若者を日本へと連れていき、奴隷のように働かせている。こんなことは絶対に許されてはならない。日本語学校を正常なものにするため、現場を知る教師がもっと声を上げるべきなのです」

裁判が始まると、A校は鈴木さんの訴えを全面的に否定して争ってきた。彼をベトナムのA校に派遣したという事実からして、「派遣」ではなく「紹介」したに過ぎないと反論した。両校が結んだ講師派遣の書類まであるというのにだ。日本で「月15万円」を稼げると勧誘させた点については、A校は「週28時間の労働時間で、月収15万円の生徒はいた」と主張した。ただし、どこの国の留学生が、どんな仕事をして「月収15万円」を稼いだのかといった具体的内容は明らかにしていない。

ベトナム人を食い物にする「死神」は誰なのか

鈴木さんが起こした訴訟は全くニュースにならなかった。そもそも、日本語学校業界の異常さを問う報道からしてほとんどない。偽装留学生の流入に関しても、新聞などはあくまで送り出し側の問題と捉《とら》えているのだ。全国紙で唯一、「偽装留学生」という言葉を使い、留学生の現状について報じる「産経新聞」ですら、〈海外の斡旋業者は「日本は稼げる」「留学生として入国すれば問題ない」などと現地の若者に宣伝し日本語学校に紹介〉（２０１７年12月17日朝刊）といった具合に、責任を送り出し側に転嫁する。

こうした報道は、日本政府の問題認識とも重なる。２０１８年9月、在ベトナム日本大使館はベトナム国内の12の留学斡旋ブローカーに対し、半年間にわたってビザ申請を受けつけない処分を下した。「一部」の悪徳ブローカーが制度を悪用し、偽装留学生を日本へと送り込んでいると言いたいのだ。しかし実際には、一部のブローカーを槍玉《やりだま》に挙げたところで意味はない。でっち上げ書類を準備し、経済力のない偽装留学生を日本へ斡旋しているのは、ベトナムで数百社に上るブローカーに共通するやり方なのである。

一方、法務省入管当局は、留学ビザ交付の審査を厳しくしつつある。「朝日新聞」（２０１８年11月19日朝刊）によれば、東京入国管理局によるビザ交付率は、２０１８年４月期の77・7％が同年10月には65・6％へと低下した。国別の交付率ではネパールが48％から8％、スリランカが51％から3％、バングラデシュが58％から3％と大きく落ち込んだ。ただし、同様に偽装留学生の送り出しが疑われるベトナムは、85％から88％に逆に上昇している。いったいどういうことなのか。入管関係者に尋ねると、こんな答えが返ってきた。

「厳格化に大した意味はありません。全国の入管に共通の基準などなく、担当者の裁量に任せられる部分が大きい。今回はたまたま、東京入管が一部の国に対して厳しい判断を下しただけのこと。本気で審査すれば、9割近くのベトナム人にビザが交付されることなどあり得ませんから」

日本語学校による新入生のビザ申請は、定員の1・2倍までしか認められない。ビザが交付されず、新入生の受け入れが減れば、学校の収入も減少する。そこで入管の姿勢を見て対応を取る。たとえば、ネパール人の交付率が悪ければ、次の申請時期にはネパール人の受け入れを避け、ベトナム人の新入生を増やそうとしたりする。

朝日の記事には、〈日本語学校　厳格化に困惑〉、〈現地業者も悲鳴〉と日本語学校やブローカーに同情する見出しが載っている。そして、

「個々の学生の事情でなく、国籍で判断しているとしか思えない」

「不法就労の防止に努めている学校からは『あまりに乱暴だ』との声も寄せられている」

と日本語学校関係者のコメントを使い、入管当局を暗に批判する。あくまで日本語学校を擁護したいのだ。

しかし日本語学校は、現地のブローカーと表裏一体となって、偽装留学生を日本へと導いている。いや、鈴木さんが言う「死神」は日本側であって、ベトナムなど送り出し側のブローカーは、せいぜい「実行部隊」に過ぎないのである。

しかも日本側にしろ、決して「一部」の日本語学校が「死神」をやっているわけではない。ベトナムなど新興国の留学生を受け入れている日本語学校は、どこも鈴木さんが在籍したA校と似たり寄ったりだ。ある程度の規模の学校であれば、現地の日本語学校と提携するか、もしくは自ら学校運営に当たっている。そして学生に留学書類のでっち上げを指南し、偽装留学生として日本へと送り込む。

ただし、日本語学校の側に立てば、偽装留学生の受け入れにしろ「営業努力」の一環だともいえる。でっち上げ書類を使って留学生が日本に入国でき、「週28時間以内」を超える違法就

労ができるのも、政府が許しているからだ。そう考えれば、真の意味での「死神」は、日本政府ということになる。

バングラデシュ人女子留学生を「強制送還」せよ

日本へと帰国した鈴木さんは、しばらくしてA校とは別の日本語学校で非常勤講師となった。非常勤講師は1つの日本語学校の仕事だけでは生活が成り立たず、2つの学校をかけ持ちする人も少なくない。だが、鈴木さんにはベトナムで患った病の影響が残り、かけ持ちに耐えられる体力はなかった。

非常勤講師としていくつかの日本語学校を渡り歩いた後、鈴木さんがたどり着いたのが首都圏の日本語学校だった。1コマ45分の授業を1日4回受け持つ。1コマの報酬は1750円と、A校のときより250円アップした。加えて授業以外の勤務時間にも、「事務給」として1時間につき1000円が支給された。A校にはなかった制度である。週4日働き、月12万~13万円の収入となった。A校当時よりもマシだが、薄給であることには違いない。

金銭面だけでは続けられない仕事である。そんな教師生活を送るうち、日本語学校業界のひどい状況も次第に見えてきていた。それでも夢を持って始めた仕事を簡単に投げ出したくはなかった。しかし、この学校で再び、鈴木さんは業界の醜い実態を思い知らされる。

新たな職場となったC校の留学生も、ベトナム、ネパール、バングラデシュといったアジア新興国の出身者が大半だった。もちろん皆、偽装留学生である。そんなC校で働き始めてしばらく経った頃、鈴木さんはこんな体験をすることになった。

アルバイトに追われ、学校を休みがちのバングラデシュ出身の女子留学生がいた。このままでは、法務省入国管理当局が留学ビザ更新の基準とする「出席率8割」を下回ってしまう。出席率の低い学生が多いと、学校が入管当局から睨《にら》まれる。新入生受け入れ時のビザ交付にも影響し、学校側には不利益が大きい。

C校は女子留学生に出席を増やすよう指導したが、彼女は聞く耳を持たない。そこで学校は、彼女をバングラデシュへと強制送還することにした。

そのやり方は実に乱暴なものだった。まず、「連絡事項がある」と女子留学生を学校に呼び出す。そして指定した時間に現れた彼女を捕まえ、空き教室に連れ込み監禁してしまったのだ。学校側は女子留学生には内緒で、当日夜のバングラデシュ行きの航空券を手配していた。時間を見計らって彼女のアパートに向かい、パスポートと荷物を持たせた後、空港へと連れていく計画だった。

日本語学校の実態に疎い読者は、C校のやり方に驚くに違いない。女子留学生は単に授業をサボりがちなだけで、凶悪な罪を犯したわけでもない。にもかかわらず、入管に睨まれたくない学校の都合だけで、いきなり「強制送還」という非人道的なやり方が取られてしまう。だが、何もC校が特別なわけではない。多くの日本語学校には、出席率や学費の滞納などに関し、留学生を強制送還する基準がある。留学生からのパスポートの取り上げと同様、強制送還は日本語学校では日常茶飯事だ。鈴木さんが担った役目にしろ、多くの日本語教師が経験しているに違いない。

強制送還やパスポートの取り上げといった仕打ちを受けても、留学生は声を上げられず、助けを求める相手もいない。悪質な日本語学校に入学しても転校する権利すらなく、すべて学校の意向に従うしかないのである。そんな状況に置かれているため、問題も世に知られない。前述したスリランカ人留学生が佐賀の日本語学校を相手に起こした訴訟のようなケースは、極めて珍しいものなのだ。

監禁したバングラデシュ人女子留学生が逃げ出さないよう、誰かが監視しなくてはならない。その役目を任されたのが鈴木さんだった。

「誰もやりたくない役目でした。僕はただの非常勤講師です。僕は社員でもないのに、こんな役目を任せる学校が信じられませんでした」

女子留学生が逃げ出し、揚げ句に不法残留となれば、学校の責任が問われることになる。学校にとっても重要な仕事である。

「すぐに彼女は、自分が強制送還されると気づいたようでした。『人権侵害だ！』と大声で泣き叫んでいた。自分で壁に何度も頭を打ちつけたりして……。見ていてもつらくなりました。でも、僕にはどうしようもなかった」

監禁は3時間にも及んだ。その後、嫌がる女子留学生を車に乗せ、鈴木さんは別の職員とともに彼女のアパートへと向かった。アパートに着くと、女子留学生と一緒に暮らすバングラデシュ人のボーイフレンドがいた。ボーイフレンドは元留学生で、入管当局に難民申請をした後、現在は建設現場で働いている。難民かどうかの審査には2~3年を要するケースが多く、この頃は申請から半年経つと日本での就労が認められていた。そこに目をつけ、就労目的で難民申請する留学生が急増した。女子留学生のボーイフレンドも、出稼ぎ目的で来日した後、学費の支払いを逃れて働くため「難民申請」した1人だった。

鈴木さんらは女子留学生に対し、パスポートと一緒に荷物をまとめるよう告げた。すると彼女は、「パスポートはアパートにはなく、ボーイフレンドの会社に置いてある」と言い出した。飛行機の出発時間は迫っている。時間稼ぎは明らかだったが、ボーイフレンドの会社に向かうしかない。もちろん、パスポートは出てこなかった。そうしているうち、飛行機の出発時間は過ぎ、日本語学校が購入した航空券も無駄になった。

「人権侵害で、警察に訴える」

そう言い張る女子留学生を連れ、鈴木さんらは最寄りの警察署を訪ねた。そして警察で事情を説明した後、彼女をアパートまで送っていき、鈴木さんの1日の仕事は終わった。

女子留学生のビザの在留期限は迫っている。すでに学校側は除籍していて、彼女にビザを更新する術はない。その後の行方はわかっていないが、今ごろは不法残留者となっていることだろう。

「こんなことまでしているのに、うちの学校は赤字らしいよ」

女子留学生と別れ、日本語学校まで戻る途中、車を運転していた職員が鈴木さんにポツリと漏らした。実際に学校が赤字かどうかはわからない。しかし、入管当局から目をつけられているようで、新入生へのビザ交付率は大幅に下がっていた。

監禁した部屋で泣き叫んでいた女子留学生の声は、今も鈴木さんの脳裏に焼きついている。借金を抱えバングラデシュに帰れば、彼女の一生は台なしとなる。そして帰国はボーイフレンドとの別れも意味する。そんなことも、悲痛な叫びにつながったのだろう。この一件があった後、鈴木さんはC校を辞めることにした。


「お金があったら、日本には行きません」


現在、鈴木さんは別の日本語学校で働いている。知り合いの紹介で、初めて正社員の常勤講師として職を得た。月収は非常勤時代の約2倍の25万円となった。30代後半の彼にとっては高給とは言えないが、社会保険があるのはありがたい。

「日本語教師には変わった人が多いんです。常勤の社員になるのを嫌い、非常勤講師として複数の学校をかけ持ちして、自由にやりたいという教師もたくさんいる」

しかし、鈴木さんには「常勤」にこだわる理由がある。常勤として3年間の経験があれば、日本語学校の「主任教員」となれる。その資格があれば、自ら日本語学校を設立する道が開ける。それが彼の夢なのだという。ベトナムや日本で散々嫌な思いをしながら、それでも日本語教師という仕事から離れられない。

「学校をつくることができても、偽装留学生は受け入れません。日本に関心のある留学生を集め、より日本を好きになってもらえるよう教育してみたい」

鈴木さんの表情は明るい。とはいえ、彼の道のりが険しいことは疑う余地もない。偽装留学生の受け入れを頑《かたくな》に拒み、欧州出身の留学生を中心に運営している日本語学校を取材したことがある。老舗《しにせ》の日本語学校の1つだが、経営者の話では赤字続きなのだという。理想を追い求め、留学生の質にこだわっていれば、ビジネスとして成り立たせることは難しい。

本来であれば、日本語教育は海外でこそ推進すべきものなのだろう。アジア諸国の物価は日本よりもまだまだ安い。日本語学校が進出して現地校をつくれば、学生の学費負担は格段に安くなる。だが、それでは学校が儲からない。日本語のできない留学生を受け入れ、卒業までアルバイトで稼がせ、その金を吸い上げてこそ学校は儲かるのだ。

鈴木さんがA校を相手に起こした裁判は、1年が経っても全く進展がなかった。鈴木さんの訴えをA校は否定し続けた。そうした状況を、裁判所は様子見するだけだった。そもそも、世の中の関心などない裁判である。

その後、裁判所から和解の提案があった。鈴木さんにとっても、裁判があるたび仕事を休むことは大きな負担となっていた。彼は和解に応じることにした。A校から支払われた和解金の額はわずかなもので、すべて弁護士費用に消えてしまった。

「世の中では、正義など通らないと実感しました」

それでも、日本語学校業界を正常化したいという夢だけは今も持ち続けている。良い意味での楽天家なのである。

鈴木さんには、ベトナムの日本語学校で行なった授業で、印象に残っている場面がある。担当していたクラスのベトナム人学生に対し、こんな質問を投げかけてみた。

「あなたは、お金があったら何をしますか？」

すると、1人の学生が覚えたての日本語でこう答えてきた。

「お金があったら、日本には行きません」

日本側が「留学」や「実習」だと偽り、ベトナム人を安価な労働力として都合よく利用している——。そんな現実は、彼ら自身に気づかれている。そのことを鈴木さんが実感した瞬間だった。

彼の理想が実現し、日本語学校業界の異常な実態が改まる日は、果たして訪れるのだろうか。その日が来るまで、理想や情熱を持った日本語教師たちの苦悩は尽きない。

第五章　「留学生で町おこし」という幻想

廃校を留学生向けの専門学校に

かつて日本語学校は、東京や大阪のような大都市に集中していた。留学生がアルバイトを見つけやすいからだ。しかし近年は、地方の都市、さらには過疎地や離島でも日本語学校の設立が相次いでいる。地方でも人手不足に陥った職種は多い。そこで外国人を「留学生」として受け入れ、人手不足解消に利用しようというのだ。

日本語学校や企業の経営者は、留学生の受け入れで地域が「活性化」すると説く。新聞やテレビでも肯定的な報道が目立つ。だが、全国に波及しつつある「留学生で町おこし」によって、本当に地方は救われるのだろうか。

岡山県南東部に位置する瀬戸内市《せとうち》——。2004年に「平成の大合併」で3つの町が一緒になって誕生した、人口3万8000弱の自治体である。その名のとおり、市は瀬戸内海《せとないかい》に面していて、温暖な気候のもと農業や漁業が主な産業となっている。

全国の多くの地方自治体がそうであるように、瀬戸内市も「高齢化」と「人口減少」が悩みの種だ。市民の3人に1人は65歳以上で、人口は年200〜300人ペースで減り続けている。

そんな瀬戸内市に18年4月、留学生を受け入れるためのIT専門学校が開校した。

私が瀬戸内市の専門学校設立プロジェクトについて知ったのは、16年夏、ネットで流れたこんなタイトルの記事を見つけたときだった。

〈廃校小学校舎を専門学校に再利用　瀬戸内市、留学生に田舎暮らしの場に〉（2016年8月27日「産経新聞」電子版）

多くの読者が気にも留めないような記事である。しかし私は、当時から留学生の受け入れ問題をテーマに取材していた。そして瀬戸内市は、私の生まれ育った故郷でもある。

離れて30年以上になるが、定期的に帰省しているので市の事情はある程度わかる。現在も市内には、私の母校の県立高校が1つあるだけで、他には高校や専門学校、大学もない。市が「IT」に力を入れているといった話も聞いたことがない。

市の特産品に、沿岸部で養殖される「カキ」がある。専門学校がつくられるのも、カキ養殖が盛んな集落である。つまり、カキの町にIT専門学校がつくられ、留学生が受け入れられるわけだ。

学校の名称は「日本ITビジネスカレッジ」。留学生にアピールしやすい名前をつけたのだろうが、地元出身の私には、悪い冗談としか思えない。

専門学校に利用される小学校は2013年、児童数減少のため廃校となった。周辺には空き家も多い。そうした空き家も留学生の寮として使う計画なのだという。

記事はプロジェクトを好意的に伝えていた。専門学校設立を進める瀬戸内市出身のコンサルタントが「郷土への恩返し」を強調し、地元の社会協議会会長のこんなコメントも引用されている。

「釣りなどのレクリエーションを通じて留学生たちと異文化交流するのが楽しみ。今後は地域で、受け入れ組織も立ち上げたい」

地元の人たちの善意は理解できる。記事には「留学生に田舎暮らしの場を提供する珍しいタイプの学校」という表現もあるが、「田舎暮らし」がしたくて日本へやってきた留学生などと私は出会ったことがない。

瀬戸内市のように「留学生で町おこし」を目指す動きは、すでにこの頃、全国各地で起きていた。2015年には奄美大島《あまみおおしま》、16年には佐渡島《さどがしま》といった意外な場所にも、留学生誘致のための日本語学校が設立された。廃校になった校舎を利用するモデルも、瀬戸内市が初めてのケースではない。東京・奥多摩町《おくたままち》では廃校になった中学校舎に17年秋、日本語学校が開校した。

瀬戸内市に誕生するのは専門学校だ。日本で日本語学校を卒業した留学生が受け入れの対象となる。その学校が、出稼ぎ目的の偽装留学生の受け皿だと断言するつもりはない。しかし、留学生をめぐる状況、そして市の実態を知る私には、「地域活性化」の名のもと進む「留学生で町おこし」の危うさが感じられてならなかった。

「留学生」と「カキの養殖」の関係

日本ITビジネスカレッジがつくられる瀬戸内市・尻海《しりみ》地区――。ここにはかつて「東洋一」を誇った大規模な塩田があった。しかし1970年代初めに廃止され、塩田跡地は一時期、産業廃棄物の処理場として使われていた。空港の建設計画も持ち上がったが、実現しなかった。そして現在は、広大な敷地にソーラーパネルが建ち並んでいる。

学校が開校する1年前の2017年4月、私は瀬戸内市を訪ねた。尻海地区までは、市の中心部からは車で20分ほどかかる。山と田畑に囲まれた道を走った先の海辺にあって、決して便が良いとは言えない。平日の昼間に訪れると、集落は静まり返っていた。行き交う人もまばらで、たいていは高齢者だが、見知らぬ相手にも微笑んで挨拶《あいさつ》をしてくれる。田舎ならではの良さが残る集落なのだ。

市のなかでも、とりわけ尻海の高齢化は著しい。65歳以上の住民は地区の55%にも上る。地区内に郵便局はあるが、コンビニすらない。市街地へ向かうバスは1時間に1本あるかないかで、最終便は18時4分だ。たまに見かけるバスにも、ほとんど乗客の姿はない。私の実家がある地区もそうだが、車がなければ生活していけない場所なのだ。留学生にとっては、日本人にも増して不便なことだろう。

専門学校に再利用されるという旧玉津《たまつ》小学校の校舎は、塩田跡地が見渡せる高台にある。小学校があった頃、卒業生は皆、市の中心部にある邑《お》久《く》中学校に進学していた。旧邑久町で唯一の中学校で、私の母校でもある。もちろん、玉津小学校出身の同級生も多くいた。

旧玉津小学校の校舎は1983年に建てられた。校舎は何とか使えそうだが、廃校から4年が経ち、運動場には草が生え放題で、鉄棒もすっかり錆《さ》びついていた。ここが「日本ITビジネスカレッジ」に生まれ変わる。

同校設立を中心になって進めているのが、福岡市に本社を置く「アジアマーケティング」という職業紹介・コンサルティング会社だ。2012年設立の新しい会社で、瀬戸内市出身の田《た》中旬一《なかじゆんいち》氏が代表取締役を務めている。この会社を中心に、福岡県の学校法人「友幸《ゆうこう》学園」、瀬戸内市内にあるカキ養殖業者「牡蠣《かき》の家　しおかぜ」がプロジェクトの主体となる。

カキの殻むき作業は人手が要るが、働き手が足りない。人手不足解消のため、数年前までは中国人、最近ではベトナム人の実習生が多く受け入れられてきた。そんななか、なぜかカキ養殖業者まで加わって、IT専門学校がつくられる。田中氏は「カキ」と留学生について、あるインタビューでこう語っている。

「学生にカキの養殖など地元の漁業や農業を体験してもらい、貿易の実践学習としても、授業

に取り込んでいきたい」（「ふく経ニュース」2016年9月13日）
あくまで「カキの養殖」は「体験」であって、留学生を人手不足解消目的の「労働者」として使う意図はないと言いたいのだろう。

私は田中氏に取材を申し込んでみた。最も尋ねたかったのは、偽装留学生の受け入れについての考えだ。しかし田中氏には、「多忙」を理由に対面でのインタビューを拒否されてしまった。そして後日、私が送っていた質問にメールでこんな回答があった。

〈母国からの仕送りの見込めない方や、アルバイトを目的に来日された方は受け入れ対象と致しません。また、以前在籍していた日本語学校の出席率が80%未満の留学生については、学業が疎《おろそ》かになっていると判断して受け入れ対象としません。ただし、学費をきちんと納め、真面目に勉強され、立派に卒業された学生には、入学していただきたいと思います。〉

〈母国からの仕送りの見込めない〉留学生は日本語学校も、また政府にしろ、公には入国を認めていない。しかし、新興国では行政機関や銀行でさえ、賄賂《わいろ》を払えば簡単に書類はでっち上げてくれる。そうしたインチキな手段で入国してくる偽装留学生が急増中であることは、すでに本書でも書いてきた。もちろん、田中氏も実態を知らないはずはない。

留学生が〈真面目に勉強〉したかどうかを計りたいのであれば、入学試験で日本語能力を見極めればよい。しかし、田中氏にはそうした考えはないのようだった。

〈岡山県の農産物を如何《いか》に国内外に販売していくかという問題を産学官が連携し、学習できる、

新しい形の専門学校にする予定です。〉

田中氏はそんなことも書いていた。だが、農産物の販路拡大のため、わざわざ専門学校をつくり、留学生まで誘致する必要があるのだろうか。

田中氏には再度、留学生の経費支弁能力に関し、入学前に精査するつもりがあるのかどうか問うてみた。しかし、1カ月以上待っても返事はなかった。

日本人が居つかない田舎は外国人も住みたくない

「日本ITビジネスカレッジ」の設立は地元の瀬戸内市も支援している。旧玉津小学校は市の所有だが、その賃貸料はアジアマーケティングからの提案を瀬戸内市議会が承認し、年120万円と決まった。閉校になった小学校とはいえ、月10万円という安さである。田中氏によれば、専門学校の定員は1学年80名で計160名となる見込みだという。学生1人につき年80万円の学費を取れば、1億2800万円の収入となる。ビジネスとして採算は十分に見込める。

市のホームページには、武久顕也《たけひさあきなり》市長と田中氏が笑顔で握手を交わす写真が載っている。2016年12月、市がアジアマーケティングと事業協定を結んだときの写真である。その際、武久市長はこう述べていた。

「旧玉津小学校が、地域に愛され、役に立つ場所になってよかったなと思ってもらえるような活躍を期待する」

市長は偽装留学生問題をどこまで認識しているのだろうか。市長にも取材を申し込んだが、田中氏に続いて拒否されてしまった。拒否の理由は、専門学校を運営する〈学校法人設立の認可を受けられていない〉ことだという。

認可権は都道府県が握っているが、申請が却下されることは多くない。岡山県の関係者によれば、「日本ITビジネスカレッジ」の運営母体となる学校法人も、2017年夏に開かれる私立学校審議会で認可される可能性が高いとのことだった。そんな事情は、武久市長もわかっているはずなのだ。

市長に対し、再度メールでプロジェクトに対して「賛成なのか反対か」だけでも答えてほしいと告げると、こんな答えが返ってきた。

〈今回の提案事案（専門学校設立）につきましては、市長である私が賛成、あるいは反対の意思をもって進めたものではありません。事業は、先般説明した目的（地域雇用の創出と地域の活性化）を達成することができる事業であると審査委員会において評価されて採択されたものであり、市は、その結果を受けて手続きを粛々と進めてきたものであります。〉（カッコ内は筆者注）

市長は自らが中立の立場であると強調したいようだった。市のホームページに載ったコメントとは、どうもトーンが違う。瀬戸内市では2カ月後の17年6月に市長選を控えていた。その前に、面倒な取材に巻き込まれたくなかったのかもしれない。

私は地元の知り合いや親戚《しんせき》を回って、専門学校の設立について尋ねてみた。すると多くの者は、小学校が廃校になったことは知っていても「専門学校」については初耳だという。専門学校の主なターゲットが留学生であることについては、私が尋ねた約10人の誰も知らなかった。ましてや、偽装留学生の受け入れ実態など知る由もない。

専門学校設立の中心的存在である田中氏は、私に送ってきたメールの最後に、こんな文章を記していた。

〈昨今留学生の失踪問題がクローズアップされることにより「外国人が怖い」との考えにもなり得ます。昨年から、一部の外国では「保護主義的立場」の首脳が増えているようですが、日本として世界の中で生き残るためには、「保護主義」より「反保護主義」でないと生き残れないと思います。「リスク無くして成長なし」との考えから、人口減少が著しい地域においては、「リスクを恐れて何もしない」よりは、考えられるリスクを排除しつつ、改革を実践していく中（今回の場合は、地域に18歳以上の学生（日本人・留学生を含めて）が増える。）で「新たなリスク」も生じるとは思いますが、その「新たなリスク」も人材育成を通じて排除し、地域の人口を増やすことにより、地域貢献をしたいと思っています。〉

田中氏が繰り返す「リスク」とは、留学生の失踪や、最近問題になりつつある犯罪の増加などを指しているのかもしれない。少なくとも彼は、留学生の受け入れを通じて「地域の人口」を増やしたいらしい。

田中氏の文章を読みながら、私は以前取材したある社会福祉法人の理事長の言葉が頭に浮かんだ。その法人が運営する介護施設は関西の田舎町にあるが、職員の人手不足に直面していた。そこで数年前、フィリピンから20人以上の日系人を介護士として受け入れた。給与等の条件は日本人と同等とし、しかも格安で入居できる専用のアパートまで準備してのことだ。

しかし現在、日系フィリピン人はほとんど残っていない。日系人は同じ外国籍でも実習生などとは違い、職場や職業は自由に選べる。そのため賃金の高い仕事を求め、都会へと移って行ってしまったのだ。

「考えてみれば、日本人の若者が居つかない田舎には外国人だって住みたいとは思いませんよね。日本人が嫌がる介護の仕事を、途上国の外国人に任せるという発想からして間違っていたんです」

理事長は私に対し、自嘲《じちょう》気味に話していたものだ。

田中氏のもとには、専門学校について〈フランスやベルギー等ヨーロッパからの問い合わせ〉も届いているという。専門学校には留学生に加え、日本人の学生も入学できる。とはいえ、カキの町に誕生するIT専門学校にわざわざ入学する若者とは、外国人か日本人かを問わずいったいどんな学生たちなのか。地元出身の私には全く想像もつかない。

市長から国会議員への不可解な電話

瀬戸内市で進む「留学生で町おこし」について、私は2017年5月、ニュースサイト「フォーサイト」に寄稿した。田中氏や武久市長のコメントも紹介しつつ、専門学校が偽装留学生の受け皿になる危惧についても率直に書いた。

すると、フォーサイトに記事が発表された当日、妙なことがあった。岡山県の選挙区から選出されている国会議員の関係者から、私のもとに連絡が入った。

関係者によれば、私の記事が出た直後、武久市長から国会議員のもとに電話があったのだという。しかも田中氏も傍らにいて、私の記事への「対応を協議したい」と申し出がなされたとのことだった。「対応」と言われても、議員に何かできるわけでもない。適当に受け流し、電話を切ったとのことだった。

私は唖然《あぜん》とするばかりだった。取材を申し込んだ際、武久市長はインタビューを拒否する一方で、自らの「中立」な立場を強調していた。だが、国会議員への電話が事実であれば、事情は違ってくる。

電話の真偽、またその市長の脇に田中氏がいたのかどうかも、国会議員には確かめていない。しかし、関係者が私に対し、わざわざ嘘の報告をしてくる動機も見当たらない。武久市長らは、私の記事が申請中の学校法人認可に影響を与えると心配し、万が一に備えて国会議員の力にすがろうとした――。そう考えれば、合点が行く話ではある。

結局、私の記事から3カ月後、岡山県の私学審議会は学校法人「せとうち」の設立を認めた。

そして、この法人が運営する専門学校として、日本ITビジネスカレッジは18年4月に開校することが決まった。

私は取材を続けることにした。瀬戸内市に限らず、自治体行政に対する住民の関心は低い。そんな無関心をよいことに、一部の利害関係者が行政を好き勝手に動かすことはよくある。今回の専門学校設立に関しても、そんな疑念がどうしても拭《ぬぐ》えなかった。

トンチンカンな市議会の議論

旧玉津小学校の跡地活用事業は、武久市長の言うように「公募」で決まった。では、公募の実態はどうだったのか。

市関係者によれば、事業への問い合わせは2～3件あったという。だが、いずれも公募の趣旨である「地域活性化」には合わなかった。そして実際に選考対象となったのは、「専門学校の設立」を提案した田中氏のアジアマーケティングだけだった。

その後、瀬戸内市はアジアマーケティングの提案を「外部審査会」に図った。審査会は、地域代表と有識者がそれぞれ2名、加えて3名の市職員という構成で、任命は市長が行なった。ちなみに「有識者」として参加した2名は、中小企業診断士と税理士である。アジアマーケティングという「事業者の経営安定性や事業の継続性を目利き」(2016年1月14日、瀬戸内市議会での市契約管財課長の発言)し、事業を任せるに足るかどうか判断するための人選だった。

中小企業診断士や税理士が、偽装留学生問題を理解しているとは思えない。「地域代表」にしろそうだ。一方、公募を成功させたい市の職員から異論が出るはずもない。つまり、「外部審査会」と銘打ってはいるが、ほとんど形式的なものに過ぎなかった可能性がある。

外部審査会の承認を受け、続いて市議会で、旧玉津小学校跡地の賃貸料について検討がなされた。もともと年1114万8000円と算定された賃貸料を、どこまで減額すべきかの話し合いである。

2016年9月14日に開かれた「総務文教常任委員会」では、委員を務める市議のこんな質問から減額法案の議論がスタートした。

市議「ちょっと、基本的なことを聞かせてください。日本人学校が（旧玉津小学校跡地に）入られるということを言われましたんですけれども、日本人学校にしろ外国人の方が日本国に入るとなると、いろいろ手続があると思うんです。

今、日本でいろんな労働者の不足の関連で、研究生という形でいろんな外国人の方が来られています。そのときに、向こうで日本人の日本語学校に入られて、ある程度試験を通られて、日本に入られてる方もいらっしゃると思うんですけれども、どういう形の日本語学校としてこの学校は外国人の方を募集されてやれるのかなという。日本人学校というからには、外国の方が入ってこられると思うんですけれども、どういう手続きの中で日本人の方が学校に入られるのか。

向こうで日本人学校に入られて、語学をある程度された人が試験に合格されて、こちらに来られると。もう一度改めて、6カ月とか1年、日本のこういう日本人学校に入られるための学校なのか、それとも就労ビザで入られてきた方が日本語学校に入って、日本語を覚えるために働きながらここに通われるのか。

どういう形の日本語学校としての開校をされるのか、そのあたりをちょっと教えてやってください」（カッコ内は筆者注、傍点も筆者）

この発言が載った資料を読みながら、私は脱力感に襲われていた。私の本や記事を読めとは言わないが、市民を代表する立場にある市議ならば、多少は勉強してから質問に立ってもらいたい。

「日本人学校」と「日本語学校」の混同からして論外だが、「研究生」とは実習生を指すのだろうか。だとすれば、市議は受け入れの仕組みからして全く理解していない。実習生は来日前、受け入れ先となる企業などとの面接は受けるが、「試験」に合格する必要はない。瀬戸内市にはベトナム人だけで200人以上の実習生がいるというのに、何もわかっていないのだ。「就労ビザ」で入国した外国人が日本語学校に入国する、といった下りからも、市議は偽装留学生の実態はおろか、留学生のアルバイトに「週28時間以内」という法定上限があることすら知らないようである。

この質問に対し、市の総務部長はこう答弁している。

「今回は専門学校と日本語学校ということで申請がございます。そういう中で、一応留学生、学生募集で留学生という形の募集ということになろうかと思います。

先日、議案の説明でも申し上げたかもしれませんけども、一応その日本の企業への就職もできるようにと、そういう人材を育てていくということでの日本語学校ということでの申請でございます。

ただ、向こうで試験を受けて、どういう試験があるかもにもよるんですけども、そういった方がこられるのか。それとも全くそういった日本語の知識がない方が来られるのかということは、その辺については、こちらの方では把握はできておりません。

ちょっと追加ですが、ただこのアジアマーケティング株式会社につきましては、現在も福岡市のほうで既に事業をやっておられますので、そのあたりについて実績があるとは思いますので、募集についても、今までの経験を生かした募集をされるということですので、その点については、どういうんですからね、就労ビザということは考えにくいとは思います」

答弁を見る限り、総務部長の知識レベルも質問に立った市議と大差ない。アジアマーケティングの「実績」が強調されているが、同社のホームページで確認すると、教育関連では福岡で外国語教室の運営をやっている程度なのだ。

総務部長の答弁を受け、市議はこう発言する。

市議「外国人の方が入ってこられるとなると、いろんな形でトラブルとか、そういうことも考えられるんで、どういう形の保証人がいらっしゃるのか、またそれがいないのかとかね、いろいろ入国審査のときに、就労ビザなのか、それとも留学用のビザなのか、いろんな形であると思うんで、貸し出すときにきちっとしたところをよろしくお願いしたいなというふうに思います。以上です」

総務部長「そのあたり細かいところについてはまた確認はさせていただきたいと思います」

この後、アジアマーケティングと連合体を組む学校法人「友幸学園」とカキ業者「牡蠣の家しおかぜ」に関し、市側からの簡単な説明がなされる。また、小学校の修繕問題などでのやり取りもあったが、肝心の留学生についての議論は、前述したのみで終わっている。つまり、外部審査会と同様、全く知識のない市議と総務部長が形式ばかりの、しかもトンチンカン極まりない質問と答弁を行なっただけなのだ。そして減額法案は、市議会で満場一致で可決となった。

市長取材に同席してきたコンサルタント

２０１７年末、経済誌「週刊東洋経済」から私に執筆の依頼があった。年明けに「移民問題」をテーマに特集を組むのだという。私は瀬戸内市における留学生誘致問題についての寄稿を提案した。留学生は「移民予備軍」と呼べる存在だ。しかも「留学生で町おこし」の動きは、地方自治体の姿を大きく変える可能性がある。にもかかわらず、負の面を含めた検証が全くなされていない。

私の提案は編集部に受け入れられた。そして瀬戸内市の武久市長とアジアマーケティングの田中氏に再度、取材を申し込むことになった。

市長からは、取材を受けるとの返事があった。前回、市長が私の取材に応じなかった理由は、「学校法人の認可が下りていない」というものだった。その認可はすでに出ている。もはや取材を拒否する理由もなかったのだろう。

インタビューは2018年1月10日、市長が指定した市役所に出向いて行なった。取材場所の市長室には、武久市長に加え、総務部長など3名の市幹部も同席していた。

49歳の市長は、スキンヘッドに凛々《りり》しい顔つきの人物である。地元出身で、専門学校に生まれ変わる旧玉津小学校の卒業生でもある。27歳で邑久町（現・瀬戸内市）議会議員に当選して1期務めた後、英国の大学院に留学し、修士号を取得した。市長への就任は2009年で、3期連続で無投票の当選を続けている。市長職の傍ら、15年には京都大学で経営学の博士号も得ている。

市長と私に面識はなかったが、年は近い。席に就くと、まず私の出身地区や年齢に話が及び、続いて市役所近くで歯科医として開業している私の同級生が話題となった。そんな雑談を少しした後、市長から意外な言葉が出た。

「ちょうど、田中君も見えています」

田中氏にはこの前日、ファクスで取材を申し込んでいた。市長へのインタビューの内容を踏まえ、田中氏と会おうと考えていたのだ。それが突然、同席してくるという。そんな話は事前に聞かされておらず、完全な「だまし討ち」である。田中氏に対する質問も、私は準備もしていなかった。

私の脳裏には、半年ほど前に「フォーサイト」に寄稿した際、市長から国会議員にあったという電話の話が頭に浮かんだ。そこには田中氏も同席していたと聞いた。そして今回、田中氏は市長と一緒に私の取材を受ける。

市長に批判的な市議の間では、今回の専門学校設立を「出来レース」と疑う声もある。いずれにせよ、市長が「田中君」と親しげに呼ぶ2人の関係は、かなり近いようだった。

私が同席を認めると、すぐに田中氏が一礼して部屋に入ってきた。年齢は40歳前後だろうか、黒ぶち眼鏡の下に人懐っこそうな目が印象的だった。彼は県内有数の進学校として知られる私立高校から九州大学に進んだ後、「ユニクロ」のファーストリテイリングに就職した。そして2012年に独立し、アジアマーケティングを福岡市で起業している。

田中氏は席に着くなり、私の方を向いてこう切り出してきた。

「お母さまには小学校でお世話になりました。剣道のこととかでも、励ましていただいて……。母もよろしくと申しておりました」

田中氏は、小学校の教員をしていた私の母の教え子だった。母は16年10月に亡くなったが、その前月に入院先を見舞った際、病室で田中氏のことが話題となった。同年8月の「産経新聞」記事で、瀬戸内市の専門学校設立計画を知った直後のことである。

「邑久町の出身で、福岡で会社をやっとる奴が学校をつくるらしい」

そんな話を母に振ると、「誰？」と興味を示してきた。母は地元の生まれ育ちだ。教員となってからも、身体を壊して50代初めに早期退職するまで大半を町内の小学校で勤務し、玉津小学校にも勤めた経験がある。地元の人間なら、自分が知らないはずがないと考えたようだ。事実、母は社交的で、顔が広かった。私が田中氏の名前を告げると、ベッドから身を起こし、

「旬ちゃん！」

と、懐かしそうに大きな声を上げた。

「あの子は、ええ子じゃった。わり（悪）いことなどするはずねえよ。あんた、ちゃんと調べたんかな？」

そう言って、実の息子を疑ってかかってきた。

母は武久市長の両親のことも知っていた。「農家で、ええ人ら」なのだという。市長のことも「大したもんじゃ。あんたとは大違い」と息子と比較しながら褒めていた。

地方の小さな町では、「誰もが顔見知り」ということはよくある。波風が立つ争いは好まれない。瀬戸内市がまさにそうで、武久市長の3期連続の無投票当選が象徴している。２０１７年に市長選と一緒にあった市議選も、18人の定員に立候補者は19人だけだった。それも全員当選を避けるため、投票日が近づいて１人が無理やり立候補した結果である。そんな町で、地方

活性化の切り札として進められる一大プロジェクトに対し、地元出身だという怪しいジャーナリストがケチをつけてきた。田中氏のみならず、市長を始めとする市側にとっても、さぞや私は招かれざる客だったに違いない。

「月収7万～8万円」ではビザは取れない

市長へのインタビューでは、冒頭で私から偽装留学生の実態について少し説明した。全国の日本語学校は、多額の借金を背負い来日する偽装留学生で溢《あふ》れている。そんな留学生を専門学校で受け入れれば、失踪や犯罪の問題も懸念される、ということも正直に話した。

市長は神妙な面持ちで耳を傾けていた。そして私が説明を終えると、風貌《ふうぼう》同様に迫力ある低音の声でこう述べてきた。

「われわれも手探りの状態です。田中君も今回、初めて学校法人を設立する。あそこ（小学校跡地）を活用したいという熱意を持ってやっていて、学校法人もやっと認可が下りた状態です。問題があるなら、どう解決すべきかわれわれなりに考えていく。

今、挙げられている田中君の計画内容を拝見すると、学費と生活費をトータルして2年間で（それぞれの留学生は）４００万円弱が必要となる。当然、アルバイトではまかないきれない金額です。足りない手当をどうするのか。田中君が入学許可をする段階で、しっかり見てもらわなくてはならない。（田中氏が）いる前で申し訳ないが、（留学生に認められたアルバイトの上限を超えて働く）不法行為が見られるようなら、（小学校跡地の）貸し出しを終わりにしていくことになる」

――アジアマーケティング以外にも、プロジェクトへの応募はあったのか。

「引き合い、見学は複数あったが、実際に（応募したの）は田中君だけです。外部審査会では、合格点を決めて審査しました。家賃については、いくらなら払えるのかという話になり、（田中氏から）月10万円は払えるとの提案があった。われわれの一存では決められないので、議会に議案として上げ、承認を得た」

――市議会では、どんな議論があったのか。

「アジアマーケティングの財務能力について厳しい質疑がなされました。（事業が）続かないと話にならないので、『ほんまに、やっていけるんか』『高度人材が育つのか』といったところが議論になった。偽装留学生については、正直、あまり話題にならなかった」

市議会で質問に立った市議とは違い、さすがに市長は留学生問題についての知識を身につけていた。とはいえ、「厳しい質疑」と言う市議会でのやり取りは、前述した通りのレベルなのである。

一方、田中氏は冒頭から、専門学校設立の目的は「高度人材の育成」だと強調した。

「弊社の紹介で毎月3～4名（の留学生が）、東京で仕事が決まっています。ほとんどはIT分野で、プログラマーなどの仕事です。（日本ITビジネスカレッジの）面接では、パソコン能力を見ています。経産省も、IT分野の人手不足を80万人と見積もっている。学校でプログラマーを育成し、就職できるようにしていきたい」

——留学生のアルバイトについては。

「普段は週28時間以内で、長期休暇中は週40時間で働いてもらいます。福岡のアジアマーケティングでは、ITプログラミングのアルバイトを推奨しています。これからはAIの時代です。単純労働は残っていかない。レジ、工場、金融……、残っていくのは高度なクリエイティビティ、ホスピタリティ、マネージメント能力なんです」

——ここ（瀬戸内市）でITのアルバイトをするのか。

「初心者は難しいかもしれませんから、半年間は徹底的に教え込む。（ITの仕事は）場所はどこでも、パソコンがあればできますから」

——日本語は。

「日本語だけでゴリゴリやることはしない。ベトナムで会社をやっていて、ベトナム語のできる先生、英語、ベトナム語、日本語のできる日本人の先生などに教えてもらいます」

——しかし、田中さんが学生のリクルートに回っている日本語学校は、偽装留学生で溢れ返っていますよ。

「逆に日本語ができても、パソコンに触ったことがない人もいます」

田中氏はコンサルタントだけあって、プレゼン能力は見事だった。口調は立て板に水そのものである。専門学校は「高度人材」を育成するための場所で、出稼ぎ目的の偽装留学生など受け入れるつもりはない。そんな主張を理路整然と展開した。

私はこれまで取材してきたベトナムなどの偽装留学生について話した。年収の数倍もの借金を背負い来日し、借金返済と学費の支払いに追われつつ、日本人の寄りつかない仕事をやっている若者たちが、どれほどたくさんいることか。そんな話に耳を傾けていた田中氏が、表情を変えず、私にこう尋ねてきた。

「出井さんは、ベトナムに行ったことがあるんですか?」

「ありませんが」

そう答えると、田中氏はたたみかけてきた。

「ベトナム人の収入は上がっています。月収1万~2万円の人もいるが、実際に金を持っている人もいる。月収7万~8万円の人も多いんです。金があるかないかでいえば、ないこともない。ハノイ、ホーチミン、ダナン、ハイフォンといった中規模以上の都市(出身者)に関しては、月収1万~2万円で(多額の)借金をして来日してなどいない。富裕層までいかなくても、中間層は増えているんです」

確かに、ベトナム人にも金のある人はいる。ベトナムは賄賂が蔓延《はびこ》る社会だ。公務員を始め、正式な給与以外に賄賂の収入を得ている人間もたくさんいる。

私は過去、ベトナムの特権階級出身の留学生を取材したこともある。彼らの親の収入は「月収7万~8万円」どころか、平均的な日本人よりもずっと金持ちそうだった。そんな富裕層の子弟は親のコネを使い、ベトナムの国費か、もしくは日本側の奨学金で留学する。だが、8万人を超えるベトナム人留学生のなかで、彼らはごくひと握りに過ぎない。それは私の取材経験から断言できる。

「ベトナムに行ったことがあるんですか？」

という田中氏の言葉を聞き、私は拳《こぶし》に力が入りかけた。たとえベトナムに行かなくても、私には取材者として誰よりも多くベトナム人留学生たちと接してきた自負がある。田中氏のような日本人には漏らさない本音も、彼らの口から直接聞いてきた。

フリーのジャーナリストという立場には、常に取材費の問題がつきまとう。雑誌に寄稿が決まっているとき以外、取材費は自腹を切る。ベトナム人たちと会えば、食事もする。日本語のできない偽装留学生に取材する際は、在日ベトナム人に通訳として同行してもらう。私の思いに共感し、ボランティアで協力してくれるが、何も礼をしないわけにもいかない。それでも意固地になってこのテーマに取り組んできたのは、偽装留学生の受け入れをめぐる醜悪な実態が、世の中に全く知られないからなのだ。

田中氏は私とのやりとりで、図らずもボロを出してくれた。彼はベトナム人で「月収7万~8万円」の「中間層」を受け入れたいのかもしれない。だが、そもそも親の経済力が「月収7万~8万円」程度では、日本の留学ビザは取得できない。ビザ発給には、親の年収と預金残高がそれぞれ200万円程度は必要なのだ。その程度の経済力がなければ、アルバイトなしで留学生活は送れないと判断される。

「借金」の有無については口を濁す

田中氏は留学生のリクルートのため、岡山県内や近隣各県の日本語学校を回っている。私の取材源には、そうした日本語学校の1つで幹部を務める人物がいる。ベトナムなどの偽装留学生を大量に受け入れ、急速に規模を拡大している学校である。

この取材源から、私は田中氏が日本語学校に配布した資料の一式を入手していた。うちの1つ「指定校証明書」には、こう書かれてある。

〈貴校は、日本ITビジネスカレッジ（認可申請中＝当時※筆者注）の指定校であることを証明いたします。〉

そして、〈学校法人せとうち　日本ITビジネスカレッジ　田中旬一〉という言葉とともに捺印《なついん》がある。指定校になれば、入学金などが「10万円」安くなり、しかも上限なしで推薦枠が与えられるのだという。

田中氏がつくった「指定校推薦制度の利用条件」は、以下の3つである。

(1)日本語学校における時間計算による出席率の累計および各学期の平均がそれぞれ90％以上の者

(2)自分が進みたい分野に情熱をもって努力できる者
(3)日本語能力が本校の勉強に支障ないと判断される者

つまり、日本語学校で出席率を満たし、学費もきちんと納めた留学生であれば、日本語能力など問わず誰でも受け入れるということである。その条件は、日本人の学生が集まらず、留学生で生き残りを図っている多くの専門学校に共通する。

この資料を私に渡してくれた日本語学校が偽装留学生の巣窟《そうくつ》であることは、他ならぬ幹部自身も認めている。この幹部は、ひたすら利益追求に走る学校経営者を嫌悪しつつも、自らの生活のため退職はできない立場に罪悪感を覚え、私の貴重な情報源となってくれている。

「留学生には、こんな進学先（日本ITビジネスカレッジ）もあるよ、という話はしました。でも、誰も興味は示さなかった。うちの日本語学校の近所にはアルバイトもたくさんあるので、今の生活を変えたくない。だから、大半の留学生は近隣の専門学校に進学していきます。もし日本ITビジネスカレッジに行く留学生がいるとしても、相当の問題児になるはずですよ」

幹部から入手した資料一式は、田中氏の前で広げてみせた。もちろん、入手先の学校名は隠してのことである。その瞬間、よどみなく話していた田中氏の表情が確かにこわばった。

「〇〇ですか？」

資料の入手先として、田中氏は同じ岡山県内の日本語学校の名前を挙げた。しかし、彼の口にした学校名は、私が連絡を取り合う幹部のものではなかった。

その後も、田中氏とはこんなやり取りが続いた。

――学費は。

「初年度が60万円、実費の19万円を合わせて79万円。寮費を含めた生活費が月7万円として計160万円ほど必要となる」

――週28時間以内のアルバイトでは足りませんね。

「仕送りと貯金で……」

肝心の話になったところで、武久市長が割って入ってきた。

「（留学生が背負う）借金は必ずしも悪ではありません。ボク自身、借金して留学し、日本に帰って返済した。自分自身に投資しても、将来、それなりの仕事に就けば、返していける。挑戦する価値は十分にあります」

事情を知らない人が聞けば、いっけん筋の通った意見である。だが、日本という先進国で生まれ育った市長が英国の大学院へ「借金」して留学するのと、ベトナム人の若者が出稼ぎ目的で大きな借金を背負うのとは訳が違う。

市長の助け舟に救われたように、田中氏が留学生の「借金」問題を引き取って続けた。

「当方は、借金（がある）かどうかという証明は取っていない。借用書を出せといえば、出るのかもしれないが……」

田中氏が「借用書」を要求したところで、留学生たちが借金について認めるはずもない。そんなことは彼も十分にわかっているはずである。そして田中氏は、開き直ったようにこう続けた。

「問題はある、理想もある。そのギャップを埋めていく作業がおもしろい。不法就労はさせないし、させる予定もない。創業者とすれば、理想を求めて努力していく。それだけです」

私のインタビューから3カ月後の2018年4月、日本ITビジネスカレッジは予定通り開校した。

入学者は28名と、1学年の定員の80名を大きく下回った。国籍はベトナム、スリランカ、中国など7カ国に及んだという。ただし、田中氏が「問い合わせがある」と述べていた欧州出身の留学生は1人もいない。日本人の入学者もわずか1人である。

4月4日にあった入学式の様子は、地元民放テレビのニュースでも当日に取り上げられた。

「廃校となったこちらの小学校、今日から新たにビジネスカレッジとして生まれ変わります」

番組は人の好《よ》さそうな若い記者が、校舎前でそうレポートする場面から始まる。そして、こんな解説が続く。

「瀬戸内市の玉津小学校は過疎や少子化による児童数の減少から5年前に閉校しました。2016年3月、校舎跡地の利用について市が公募し、福岡市の企業が専門学校の設立を提案しました。創設1年目の今年は、ベトナムやカンボジアなどアジアを中心に、7カ国から28人が入学しました。基本的に授業は午前中中心で、学校では近隣の小売店や工場などでのアルバイトや、近隣のアパートや古民家を寮として紹介したりして、留学生の異国での生活をサポートしていきます」

記者のコメントが流れる背景では、校長に就任した田中氏のスピーチ場面が流される。そして入学式に来賓として出席した武久市長の「この学校の発展に皆さんが貢献するという気持ちを持ってほしい」という祝辞を紹介し、レポートが締められる。ちなみに市長は、その後、学校での講義にも立っている。

入学した留学生のバックグラウンド、また偽装留学生の実態なども、ニュースでは全く伝えられない。この番組を観た地元の人の多くは、わが町に誕生した専門学校に好意的な印象を持ったことだろう。また、地元出身の若手ビジネスマンである田中氏、そして市長の勇姿にも拍手を送ったに違いない。

有名企業「ジェリーフィッシュ」も取材拒否

廃校を留学生誘致に転用するモデルは、全国でブームになりつつある。2017年には兵庫県の淡路島《あわじしま》で「日本グローバルアカデミー」、18年6月には千葉県多古町《たこまち》に「国際協力日本語学院」という日本語学校が、ともに小学校跡地に開校した。「日本」「グローバル」「国際協力」など、「日本ITビジネスカレッジ」と共通する大きな名称である。

18年11月に兵庫県佐用町《さようちょう》の小学校の旧校舎で開校した「佐用日本語学校」は、東京や千葉でも日本語学校を経営する「ダニエル企画」という人材派遣業者がつくった。この会社は、首都圏の朝日新聞販売所関係者には知られた存在だ。

「朝日新聞」が傘下の朝日奨学会を通じ、大勢のベトナム人奨学生を受け入れている実態については、第一章で詳しく書いた。そして最近は、朝日奨学会の〝成功〟を真似て、留学生を販売所に供給する人材派遣業者が登場している。そんなビジネスを大規模にやっているのが、韓国出身の元新聞奨学生が経営する「ダニエル企画」なのである。

こうして新設される日本語学校でも、受け入れのターゲットとなるのはベトナムなどの留学生たちだ。瀬戸内市に日本ITビジネスカレッジをつくったアジアマーケティング以外の業者は、偽装留学生問題についてどう考えているのか。

東京・奥多摩町の旧中学校舎に17年10月に開校した「奥多摩日本語学校」は、人材派遣会社「JELLYFISH（ジェリーフィッシュ）」が運営している。同社はベトナムから多くの留学生を送り出し、日本語学校関係者の間では有名な企業である。本社は東京で、ハノイやホーチミンに事務所を構える一方、15年には栃木県宇都宮《うつのみや》市で自ら日本語学校を設立し、18年に売却するまで運営していた。

私が取材してきたベトナム人留学生にも、ジェリーフィッシュの斡旋《あっせん》で日本へ留学した者が数人いる。そして皆、私に対し、ビザ取得に必要な書類はすべて同社が準備してくれたと証言していた。つまり、でっち上げ書類をつくっているということだ。

そんなジェリーフィッシュが、奥多摩町と共同で「留学生で町おこし」の先陣を切った。廃校を留学生向けの学校に転用するモデルは、私の知る限り、同社が初めて行ったものでもある。

瀬戸内市での専門学校設立を「週刊東洋経済」で取材していた私は、ジェリーフィッシュに取材を申し込んだ。その際、以下の質問も同時に送った。

(1)御社はベトナム、フィリピン、インドネシアで留学生の送り出し事業を行なっておられますが、それぞれの国からこれまで日本へと派遣した留学生の数をお教えください。

(2)御社は日本国内で栃木国際教育学院、奥多摩日本語学校を運営されていますが、両校の国籍別学生数をお教えください。

(3)ベトナム等出身の留学生には、現地の銀行や行政機関を通じ、虚偽の数字の記された経費支弁証明書を得て、留学ビザ取得に用いるケースが多数あります。ご認識、ご見解をお聞かせください。

(4)ベトナム等出身の留学生には、日本への留学費用を借金に頼って入国した後、留学生に認められた「週28時間以内」を超える就労に従事する者が多くいます。ご認識、ご見解をお聞かせください。

最も尋ねたかったのは(3)である。回答までは1週間の猶予を与えた。しかし10日待っても返事はなく、ついには「多忙」を理由に取材を拒んだ。

新聞やテレビも時々報じる。ただし、肯定的に捉《とら》える報道ばかりだ。その代表が「朝日新聞」である。

「留学生で町おこし」の動きは、「朝日新聞」記者による欺瞞記事

たとえば、朝日新聞社が運営するニュースサイト「ウィズニュース」には2018年11月25日、〈奄美にもできた日本語学校「海ない国」の留学生、島民と新たな共生〉というタイトルで、2015年に開校した「カケハシインターナショナルスクール・奄美校」について朝日の記者が寄稿している。その記事はこう始まる。

〈人手不足の列島で、貴重な働き手になっている留学生。地域の要望もあって、全国で日本語学校が相次いで新設されています。鹿児島県の奄美大島にも3年前に開校し、留学生たちが島内でアルバイトにいそしんでいます。離島で外国人が地元の人とうまくやっていけるのか――。そんな心配をよそに、意外にも地元住民は新たな隣人と自然な関係を築きつつあるようです。〉

記事では、島内の飲食店で働くモンゴルやネパール出身の留学生、店の経営者らが取材に応じ、双方が満足している様子が描かれる。小見出しでも、〈島では欠かせない一員〉、〈言葉は壁じゃない〉と強調し、日本語学校と留学生の存在を評価している。

とはいえ、モンゴル、ネパール、ベトナムといった留学生の国籍からして、多額の借金を背

負い来日している可能性が高い。

記事は借金問題にもさらりと触れ、〈留学生の負担は、学費、寮費、仲介業者への手数料などで多額になり、親たちが借金をして工面している場合も多くあります。〉と書いている。だが、留学生たちが「週28時間以内」で働いていれば、借金の返済などできないという事実には突っ込まない。そして見逃せないこんな一文もある。

〈留学生の就労が厳しく制限される欧米と異なり、特別に裕福でない途上国の若者でも留学できます。〉

確かに、現状では〈特別に裕福でない途上国の若者〉でも日本へ留学できる。しかし、それは本書で書いてきたように、ビザ発給の対象にならない偽装留学生までも、政府がインチキを承知で受け入れ続けているからなのだ。留学生に日本人の嫌がる仕事をやらせ、アルバイト代を学費で吸い上げる。そんな汚いシステムに便乗し、留学生の〝奴隷労働〟で配達現場を支えているのが朝日新聞なのである。

記事によれば、全国各地で日本語学校が誕生しているのは〈地域の要望〉からなのだという。この記事を書いた朝日の記者に問いたい。〈地域〉とは、具体的に誰を指すのか。記者の言う〈地域〉とは、低賃金で従順に働いてくれる外国人労働者を求める企業ではないのか。〈地域〉といった言葉でごまかさず、はっきりとそう書くべきなのだ。それがジャーナリズムの役割ではないのか。

「私は『言葉は壁じゃない』と思っているんです」

記事は、島の観光協会幹部で、留学生を雇っている飲食店経営者の言葉を引用して終わっている。いっけんヒューマニズム溢れるコメントで、そういう趣旨で記事も書かれたのであろう。

しかし、考えてもらいたい。この経営者にとっては、たとえ日本語に不自由な留学生だろうと、労働力としては利用できる。その意味で「言葉は壁じゃない」。一方、島民は本心から、言葉すら通じず、しかも借金漬けで来日する留学生たちを歓迎するのだろうか。

記事は「ウィズニュース」に朝日の記者が交代で執筆した連載〈となりの外国人〉の1つだった。この連載には、偽装留学生問題に蓋《ふた》をしたい朝日ならではの記事が他にもある。たとえば、〈「眠らぬ国」支える留学生　人気バイト巡ったらニッポンの今が見えた〉(18年11月21日掲載)がそうだ。

記事では、留学生のアルバイト事情の上辺がなぞられる。そして記者が〈見えた〉という結論はこうだ。

〈いま、日本は深刻な労働力不足に直面しています。留学生なくしては、コンビニも牛丼屋も24時間営業を維持できないのは確実でしょう。安い弁当を食べられるのも、新聞が毎朝自宅に届くのも、留学生たちのおかげです。〉

この表現は、2016年7月に出版した拙著「ルポ　ニッポン絶望工場」の冒頭に記した以下の文章と似ていると感じるのは、果たして私だけだろうか。

〈コンビニは24時間オープンしてもらいたい。

弁当はできるだけ安く買いたい。

宅配便は決まった時間にきちんと届けてもらいたい。

新聞は毎朝毎夕決まった時間に配達してほしい。

しかし、私たちが当たり前のように考えているそんな〝便利な生活〟は、もはや低賃金・重労働に耐えて働く外国人の存在がなければ成り立たなくなっている。いや、彼らがいなくなれば、たちまち立ちゆかなくなる。〉

どうやら、記者も私と同じ結論に辿《たど》りついたようだ。ただし、現状を肯定的に捉えている点で、私とは全く問題意識が違う。

そもそも〈新聞が毎朝自宅に届くのも、留学生のおかげです。〉と書くなら、なぜ自らの配達現場を取材しないのか。そこではベトナム人留学生たちが、違法就労と差別待遇を強いられている。そんな実態を知ってなお、記者は〈留学生のおかげです。〉などと、まるで他人事のような記事を書けるのだろうか。

都会にも増して、地方の活性化が難題だということは私もわかる。住民の高齢化によって働き手が不足している自治体は、何も奄美大島や瀬戸内市に限ったことではない。アジア諸国で起きている「留学ブーム」、そして政府が「留学生30万人計画」のもと進める出稼ぎ労働者の受け入れに便乗しようとする自治体があって当然だ。弁舌さわやかなコンサルタントから甘い誘いを受ければ、飛びつきたくなるのも仕方ない。留学生を受け入れれば、労働力として活用でき、しかも稼いだ金は学費として地元に落ちる。さらには、増え続ける空き家対策もできてしまうのだ。

しかし、それはあくまで日本人の側が描く都合の良いシナリオだ。日本人が魅力を感じない場所や仕事には、外国人も居着きはしない。日本人がやりたくない仕事は、外国人だってできればやりたくない。途上国の出身者であれば日本人が捨て去った「空き家」に住み、嫌な仕事でもがまんしてやってくれるという発想で、本当に地域活性化が実現するのだろうか。

第六章　ベトナム「留学ブーム」の正体

「ジャパニーズ・ドリーム」の体現者となった新聞奨学生

ベトナムは中国に取って代わり、日本への出稼ぎ労働者の送り出し国として最大の存在となった。8万人以上にまで急増した留学生に加え、実習生として来日するベトナム人も13万人を超え、実習生全体の5割近くを占める。

なぜ、ベトナム人は日本を目指すのか。そして、どんなベトナム人が出稼ぎにやってくるのか。2018年8月、月刊誌「ウェッジ」の取材でベトナムを訪れることになった私は、現地で探ってみることにした。

原付バイクで溢《あふ》れるベトナムの首都ハノイから、南に向かい車で走ること約3時間——。緑豊かな田園地帯に集落が点在し、田んぼでは農耕用の牛が人に引かれている。そんなタイビン省の小さな村が、東京都内のコンサルタント会社で働くフーンさん（仮名・20代）の生まれ育った故郷だ。

フーンさんは農家の両親のもとに生まれた。きょうだいは高校生の妹が1人いる。子どもの頃から勉強が得意で、ハノイの名門大学へと進んだ。優秀なクラスメイトは欧米企業などの奨学金を得て、海外の大学院へと進学していった。その後、現地に残って就職した者も多い。学業に秀でたベトナム人の典型的なエリートコースである。そんななか、フーンさんが選んだのが「日本」だった。

「ベトナムの優秀な学生は日本へは行きません。日本は貧しいベトナム人の出稼ぎ先として見られているのです。友だちからも『なぜ、日本なの？』って不思議がられました。でも、私は少し変わっているもので（笑）」

フーンさんは大学卒業後、ハノイのテレビ局に就職した。しばらく働いた後、第一章で取り上げた「朝日新聞」の朝日奨学会が提携する日本語学校へ入学した。そして奨学生に選ばれ、日本への留学が決まった。

２０１４年に来日した彼女は、東京都内の新聞販売所で働き始めた。しかし、仕事は想像を絶する厳しさだった。ベトナムで「学歴エリート」だった彼女に耐えられるものではない。そんな彼女を救ったのが「学歴」と「日本語」だった。

朝日のベトナム人奨学生には、現地の大卒は多くない。しかもフーンさんの意気込みは他の奨学生とは明らかに違った。来日後は睡眠時間を削って単語を覚え、新聞の配達中もテープを聴いて勉強を続けた。そうした努力の甲斐《かい》あって、来日して数カ月後に日本語能力試験「N1」に合格した。N1は最難関で、ベトナム人の合格者は朝日の奨学生でも珍しい。

その後、彼女は求人情報会社を通じ、現在働くコンサルタント会社の仕事を見つけた。留学生の就職は、本来は日本の大学や専門学校の卒業生が対象となる。しかし、日本で大学などを卒業しなくても、母国の「大卒」という学歴があれば就労ビザを得られるケースが増えている。フーンさんのように、日本語学校すら卒業せず日本で就職する留学生も最近は珍しくない。

日本で就職する留学生の9割は、「技術・人文知識・国際業務」（技人国ビザ）という在留資格を取得する。文系か理系かを問わず、ホワイトカラーの仕事が対象となる就労ビザだ。フーンさんも技人国ビザを得た。ただし、朝日のベトナム人奨学生は2年間、日本語学校に通いながら販売所で働く契約で来日している。途中での就職は契約違反だが、奨学会も認めざるを得なかった。

日本で就職した後、フーンさんは両親に新築の家をプレゼントした。費用は日本円で300万円ほどだが、新築など珍しい村では目立つ「豪邸」だ。彼女は「ジャパニーズ・ドリーム」の体現者として、近所で知られる存在となった。

するとフーンさんの成功を見て、村から多くの若者が日本へと留学していくことになった。親戚《しんせき》や幼なじみ、同級生など、その数は彼女が知っているだけで10人近い。そして多くの不幸が生まれた。

息子の留学が招いた一家離散

フーンさんの実家の前に、鉄の門が固く閉じられた一軒家が建っている。クリーム色のコンクリート壁が特徴的な、がっしりとした平屋の家だ。壁には「１９９２」と、家がつくられた年が刻まれている。粗末な小屋のような家の多い近所では上等な家屋である。

しかし、この家の住人は今、誰もいない。家族は息子の日本留学がきっかけとなって離散し、皆、家から去ってしまったのだ。

フーンさんは、この家の息子・ハイ君と幼なじみだ。年はハイ君が1つ上で、男きょうだいのいない彼女はハイ君を「お兄ちゃん」と呼んで育った。

「村では、珍しく裕福な家族でした。お兄ちゃんのお父さんは、長距離バスやハイヤーの運転手をしていた。収入は日本円で月5万円くらいあったはずです。普通の農家の2倍以上ですよね」

ハイ君は近くの町にある医療系の専門学校を卒業したが、定職には就いていなかった。そんなとき、留学斡旋《あっせん》ブローカーから「日本に行けば、看護師として働ける」と聞いた。しかも月収は20万円以上になるというのだ。

日本は２０１４年、経済連携協定（ＥＰＡ）のもとベトナムから看護師と介護士の受け入れを始めた。ただし、ＥＰＡによる来日は、選考に通った後、ベトナムで日本語能力試験「Ｎ３」に合格しなければならない。ブローカー経由で日本語学校に留学しても、看護師への道は開かれない。

「日本語学校に通っている間のアルバイトは紹介する」

そんなブローカーの言葉に乗り、ハイ君は看護師として働けるという確証もなく、日本へと旅立った。その背景には、先に日本へ渡っていたフーンさんの影響もあった。

ブローカーには留学費用として約１５０万円を支払った。そのうち１００万円以上は、自宅を担保に銀行から借りてのことだ。

ハイ君はフーンさんから2年遅れて２０１６年に来日した。留学先となったのは、広島県内の日本語学校である。だが、当初からトラブル続きだった。ブローカーが見つけると言っていたアルバイトは紹介されなかった。来日から3カ月後、やっと造船関係の工場でアルバイトが見つかったが、自転車と電車を乗り継いで2時間近くもかかる場所だった。

アルバイトは長続きせず、仕事を転々とする生活が始まった。生活費にも困り、周囲の友だちから借金するありさまだった。翌年分の学費も貯まらない。結局、ハイ君は来日から1年も経たず、日本語学校から姿をくらました。

ベトナムに残る家族との連絡も途絶えた。当てにしていたハイ君からの仕送りも届かず、父母の仲も悪化していった。そして父親は別の女性のもとへと走り、家に母親が1人残された。

母親はフーンさんのもとに連絡してきては、ハイ君の状況について嘆いたという。

「いつも『死にたい』と言って電話で泣いていました。（ハイ君の）お父さんが家を出てしまい、頼れるのはお兄ちゃんしかいない。それなのにお兄ちゃんとは連絡も取れず、本当にかわいそうです」

父親はギャンブル好きで金遣いが荒く、ハイ君の借金を払う気もない。そして母親にも金がない。銀行への金利分だけは、母方の祖母が戦死した夫の遺族年金から支払っていたが、いつまでも頼るわけにはいかない。

母親は意を決し、ハノイに出た。富裕層の家で、住み込みのメイドとして働くためである。2万円にも満たない収入は、大半が借金返済に回される。

その後、フーンさんのもとにハイ君から連絡があった。埼玉に住み、不法就労しているのだという。フェイスブックで知り合った留学生のベトナム人女性のアパートに転がり込んでのことである。ハイ君のフェイスブックには、彼女と寄り添うツーショットの写真が載っている。写真だけ見れば、誰も彼が不法残留しているとは思わないことだろう。そんな生活の後ろめたさもあってか、ハイ君は母親に連絡できずにいた。

ベトナム取材の前、私はフーンさんを通じ、何度かハイ君と会おうと試みた。だが、いつも彼は待ち合わせ場所に現れなかった。不法残留者の彼がジャーナリストの取材を躊躇《ためら》う気持ちはわかる。しかし、会うと約束しながらのすっぽかしである。その度、同行してくれたフーンさんは私に対し、「本当にすみません」と頭を下げた。

「お兄ちゃんはいい加減な人なんです。私から見ると、とても考えが甘い。両親に迷惑をかけて、本当にひどいと思います」

ハイ君の留学のために家族が背負った借金はほとんど減っていない。借金返済のため、父親は実家を売りたがっている。しかし、帰る家のなくなってしまう母親が反対し、結論は出ていない。

新婚の夫を追って日本へ

フーンさんの実家から歩いて2～3分のところにある親戚の家の女性（20代）は、3カ月後に日本へと旅立っていく。先に日本に渡った夫を追いかけてのことである。

夫はベトナムで仕事をしていなかった。そこで日本で出稼ぎをしようと、2年前に新婚の妻を残し、留学生として旅立っていった。やはり150万円前後の借金を背負ってのことだ。そして来日後、留学先の愛知県内の日本語学校から失踪《しっそう》し、不法就労し始めた。

フーンさんによれば、夫は当初から日本語学校に通う気などなかったという。

「（夫の男性は）学校には1日も行っていないはずです。ブローカーが日本の空港まで迎えに来て、そのまま不法就労先に直行したみたいですから」

偽装留学生の流入を許している日本側の制度を逆手にとり、最初から不法就労目的で来日する。そんな悪質なベトナム人も、最近では増えつつあるのだ。

近く日本に留学する女性は高校を卒業後、実家の農家を手伝っていた。そして夫と出会い、結婚した。

2人が新婚生活を送っていた家は、夫の両親の実家と同じ敷地内に建っている。「家」とは呼べないほどの粗末な小屋だ。脇では泥水にまみれ、数羽の鶏が飼われている。小屋の中は6畳ほどの土間で、簡単な台所とプラスチック製の小さなテーブルの奥に、錆《さ》びついた鉄製のベッドが置かれていた。ベトナムの夏は日本に劣らず暑いが、エアコンなどはない。湿気のこもった部屋には、鶏のフンの匂いが漂っていた。

両側に小窓があるだけの小屋は、昼間でも薄暗かった。かろうじて光が差し込む窓の脇には、2人の結婚写真が飾ってあった。細身の身体にえんじ色のスーツを着た新郎、いかにも安っぽいピンクのドレスと同色のブーケを手にした新婦が、身を寄せ合い微笑んでいる。そんな写真の左下には、マジックの拙い文字で「しゃしん」と書かれてあった。新婦が覚えたての日本語で書き込んだようだった。

女性は日本で夫と合流する。夫がそうしたように、すぐに日本語学校から姿をくらまし、不法就労に走るのかもしれない。彼女にしろ、日本へと行く目的は出稼ぎなのである。

「彼女にも日本でがんばって成功してもらいたいです」

夫の母親は、言葉少なにそう語ってくれた。そんな彼女を前に、私は日本で不法就労を続ける息子について切り出すことができなかった。

村から車で30分ほど離れた場所には、リートンキエットというタイビン省でも有数の町がある。11世紀に中国を撃退した武将の名前を取った町で、近年は日本語学校を兼ねる留学斡旋業者が増えている。フーンさんによれば、その数は10社近くに上るという。

日本への「留学ブーム」が起きた2010年代前半は、ハノイやホーチミンが送り出しの中心だった。しかし現在、ブームは都会から地方へと移っている。その典型が、フーンさんの故郷の村のような場所なのだ。そして村の若者たちは、リートンキエットやハノイにある斡旋業者を通じ、日本へと留学する。リートンキエットを車で走っていて見つけた業者を飛び込みで訪ねると、事務所には私の故郷である岡山県の日本語学校のカレンダーが飾ってあった。留学生のやりとりが、ベトナムと日本の地方の学校同士でなされているのだ。

ベトナムの都会では、日本ほどに稼げなくても仕事はある。偽装留学生たちが日本で強いられる生活も、フェイスブックなどを通じて広く知られるようになった。わざわざ年収の数年分の借金まで背負い、日本で奴隷のような生活をしようという若者は、もはや都会では多くない。

その一方で、学歴や仕事のない地方の若者が日本を目指す。ベトナムでは年率5%を超える経済成長が続いているとはいえ、恩恵は田舎まで行き渡っていない。そのため「ジャパニーズ・ドリーム」の夢を見てしまう。一歩間違えば一家丸ごと破産の運命が待っているとしても、貧困から抜け出そうと、日本が差し出す「留学」という罠《わな》に飛びつく。では、彼らを送り出すビジネスには、いったい誰が関わっているのか。

元実習生が関わる送り出しビジネス

ハノイ中心街から車で30分ほど行くと、先ほどまで道路を埋め尽くしていたバイクの数がかなり減った。大通り沿いに人は多いが、狭い路地に1本入ると風景が一変する。

車も行き交えないほど狭い道の両側には、高くても4～5階程度の建物が隙間なく建ち並んでいる。道に面した1階は雑貨店やバイクの修理工場などに使われ、2階から上が住居となっている。窓の外には、色とりどりの洗濯物が干してあった。そんな庶民的な街の一角にある日本語学校を訪ねた。

学校は4階建ての細長いビルを丸ごと使っていて、1階が事務所、2階と3階が教室、4階は学生の寮になっている。学校を経営しているのは、海外へ出稼ぎ労働者を送り出している人材派遣業者「V社」である。V社はハノイ市内3カ所で日本語学校を運営していて、学生数100人足らずのこの学校は最も小規模なものだ。V社で「採用担当部長」を務めるファンさん(30代)が出迎えてくれた。

「ようこそいらっしゃいました。ファンと申します」

ファンさんの日本語は完璧《かんぺき》とはいえないが、十分に通じる。彼は元実習生で、関西の鉄鋼関係の工場で3年間働いた経験がある。

私の取材経験からいえば、留学生よりも実習生の方が日本語は総じてうまい。留学生たちは日本語学校に在籍していても、アルバイトに追われ勉強する余裕がない。アルバイト先でも日本人との接点が乏しく、なかなか語学が上達しない。その点、実習生は、受け入れ先の企業で日本人と共に働くことで日本語を修得していく。

「実習生の仕事は大変だったでしょう？」

そう振ると、ファンさんは笑顔でこんな模範解答を返してきた。

「はい。でも（受け入れ先の）社長さん、皆様に大変お世話になりました」

実習生の現実は、日本人の嫌がる仕事を担う肉体労働者である。不慣れな日本でつらい思いもしながら、汗にまみれて働いていたに違いない。しかし、今のファンさんには、当時の面影はない。ブランド物のシャツとズボンに身を包んだ姿は、いかにもやり手の若手ビジネスマンである。

V社では、日本以外にも韓国、台湾《たいわん》、中東などへ労働者を送り出している。一番人気が日本で、続いて韓国、台湾の順番なのだという。その日本へ送り出す労働者のため、学校をつくって日本語を教えている。

この日本語学校では、留学生として日本に行く学生はいない。実習生として来日するか、もしくはいきなり日本で「エンジニア」として就職する。

外国人が「エンジニア」として来日する場合、技人国ビザを得る。フーンさんも取得したビザだが、その発給基準は留学ビザと同様、大幅に緩んでいる。「人手不足」が影響してのことだ。第九章でも触れるが、ホワイトカラーの仕事に就くよう見せかけてビザを取得し、実際には工場などで単純労働に就く〝偽装就職〟も横行している。そうした基準の緩みもあって、最近は母国で技人国ビザを取得し、入国してくる外国人も多い。ただし、日本で実際に「エンジニア」の仕事に就くかどうかは別問題である。

1000人を送り出せば3億円

「授業を見てみますか？」

ファンさんがそう誘ってきた。その言葉が、私には少し意外でもあった。

V社の日本語学校へ案内してくれたのはフーンさんだった。彼女は日本で普段から私の取材を手伝ってくれ、今回のベトナム取材にも同行を買って出てくれた。「ベトナムの日本語学校を見てみたい」という私のリクエストに応じ、彼女は友人のベトナム人が働くこの学校へと私を連れてきた。友人もファンさん同様に元実習生である。

フーンさんを通じ、学校側には私がジャーナリストで、ベトナムからの出稼ぎ労働者送り出しに関し、負の側面から取材していることを事前に告げてはいた。しかし、フーンさんの立場も慮《おもんぱか》り、私は学校の実態について、いきなり根掘り葉掘り尋ねることは避けていた。もちろん、授業を見学できるならありがたい。

ファンさんが案内したのは、「エンジニア」として日本での就職を希望する学生のクラスだった。私たちが教室に入ると、揃いの黄色いポロシャツを着た学生たちが一斉に起立した。そして、

「こんにちは！」

と大声であいさつしてきた。

クラスは15人ほどで、男性が3分の2を占めている。ファンさんによれば、全員が「理系の大卒」ということだった。

ベトナムでは「大卒」の証明書など簡単に偽造できる。事実、偽造の卒業証書をネットで買い、日本で技人国ビザを得ているベトナム人も私は過去に取材していた。その点についてファンさんに問うと、苦笑いでこう答えた。

「いいえ、みんな大学を卒業していますよ」

ファンさんは授業を中断し、私のことをベトナム語で説明した。小声で耳打ちしてくれたフーンさんによれば、私は「ジャーナリスト」ではなく「日本から来た先生」と紹介されたようだった。

その瞬間、学生たちの目の色が明らかに変わった。「日本から来た先生」と聞き、私を日本のブローカーか、企業関係者と解釈したようなのだ。日本語学校を出た後、フーンさんが学生たちの心境をこう解説してくれた。

「学生たちは皆、自分たちが本当に日本に行けるのか、という不安があるんです。この日本語学校のことも信用していない。だから、ファンさんは出井さんを学生の前に連れ出し、日本とコネクションがあることを見せようとしたのです。実際に日本人が学校にやってきたというだけで、学生たちは安心しますから」

フーンさんには、ベトナムで日本語学校を経営している知り合いがいる。そんな知人たちから、学校の「顧問」になってくれるよう求められる。フーンさんは2～3カ月に一度のペースでベトナムに出張している。その際、学校に立ち寄り、学生たちの前で話をするだけで「月500ドル」の顧問料を出すという。それも日本との関係を示したいからだ。

日本で留学生の受け入れブローカーとなってほしいとの依頼も何度かあった。なかには「年収1000万円」を提示してきた知人もいたそうだ。それだけ払えるほど、日本への出稼ぎの斡旋は儲《もう》かるビジネスなのである。

ファンさんによれば、学生がV社に支払う手数料は、日本に実習生として行く場合で「5500ドル」（約60万円）とのことだった。ベトナム労働・傷病兵・社会省（MOLISA）が手数料の上限として定める「3600ドル」（約40万円）を上回っている。だが、とりわけ手数料相場の高いハノイでは、決して法外な金額ではない。

こうした手数料は、本来であれば実習生の受け入れ先となる日本の企業が負担すべきなのだ。実習生に負担を強いるのは、実習制度のルールにも反している。しかし現実には、ルールは全く守られていない。

一方、エンジニアとして日本で就職する際には、学生は「7000～1万ドル」（約77万～110万円）を支払う。技人国ビザの在留期限には、「1年」から「5年」まで開きがある。その年数によって、手数料に差がつく。そうした手数料も、留学生や実習生と同様に借金に頼ることになる。ファンさんに確認すると、言い訳めいた答えが返ってきた。

「日本に行く人は借金をします。でも、エンジニアは月に20万円以上も稼げますからね」

もちろん、手数料がすべてV社の収入となるわけではない。受け入れ先となる日本企業の担当者などがベトナムを訪れれば、彼らへの接待も必要となる。実習生の場合であれば、日本で彼らを仲介する「監理団体」に対し、10万円程度のキックバックも生じる。監理団体がキックバックを受け取ることは違法だが、ベトナムなどからの実習生斡旋では、慣習として定着している。私の知る監理団体には、実習生1人の受け入れにつき「50万円」もの謝礼を徴収するところまである。キックバックの額が増えれば、そのぶん実習生の借金もかさむ。

そして技人国ビザを取得する場合は、行政書士への手数料も必要となる。それでもV社のようなブローカーにとって旨味は大きい。1人の送り出しで30万円の利益が出るとすれば、1000人で3000万円、10000人で3億円だ。ベトナムにブローカーが乱立するのも無理はない。

こうしたブローカーを日本政府は「送り出し機関」と呼ぶ。日本側の監理団体と同様、公的な団体であるかのような誤解を与えるが、実態は斡旋業者に他ならない。そして見逃せないのは、現地の斡旋業者の背後には必ず日本人が関わっているということだ。

背後で暗躍する日本人たち

第四章で紹介した日本語教師の鈴木信博さん（仮名）がベトナムで働いていた日本語学校には、実習生の斡旋のため、日本人ブローカーが出入りしていた。この種の日本人は、現地のあちこちで見かける。

ハノイ滞在中にこんなことがあった。私は旧市街にある1泊3000円程度の中級ホテルに滞在していた。そのホテルで夕方、1階ロビーのソファに座っていると、日本語の話し声が聞こえてきた。ロビーから吹き抜けになった2階のカフェテラスにいる客のものだった。声の主は、日本人男性である。

「ベトナムでITを専攻した学生なら、日本に行けばすぐに就職できる」

「日本の会社を買いたいというベトナム人はいないか。300万円くらい出せば買える会社はある。日本の会社を買って子会社にすれば、ベトナムから人をどんどん送り込める」

男性の勢いに圧倒されながら、一緒にいるベトナム人青年がたまに日本語で短い質問を投げかけている。カフェテラスに他に客はおらず、2人の会話はロビーまで鮮明に届いた。出稼ぎ送り出しの〝抜け道〟を指南している日本人は日本側で受け入れを、ベトナム人は現地で送り出しを担うブローカーのようだった。

2人の会話に私は30分以上も聞き入っていた。そうしていると、ホテルの玄関から入ってきたベトナム人の若者が、私に向かってスマートフォンを差し出してきた。その画面には、日本人の名前と写真が載っていた。若者はベトナムで最も普及している配車サービス「グラブ」の運転手で、私を客と勘違いしたようだった。

数分後、先ほどまでカフェテリアで話し込んでいた2人がロビーに現れた。日本人男性がスマホで車を手配していたのである。

2人が車に乗り込んだのを確認した後、私はすぐに男の名前をネットで検索してみた。すると東京都内で留学生支援のNPO（非営利団体）を運営する人物の名前がヒットした。どうやら車に乗り込んでいった男に間違いなさそうだ。

NPOのホームページを見ると、「国際協力」を強調したうえで、留学生の住居やアルバイトの紹介、さらには「心のケア」までしているとある。先ほどカフェテリアで交わされていた生々しい話とはずいぶん違う。こうした日本人がV社のような現地の業者と結びつき、ベトナム人たちを日本へと送り込む。時には業者に悪知恵を授け、送り込んだベトナム人たちに住居やアルバイト、さらには就職の斡旋までして金を稼ぐ。出稼ぎ労働者の送り出しは、現地のベトナム人だけでは行えないビジネスなのである。

ハノイには、数校の日本語学校を経営して「1億円以上を稼いだ」と周囲に豪語しているような日本人も存在する。留学希望者を日本へ送るため、でっち上げの書類をつくり、多額の手数料を取ってのことだ。また、留学生や実習生の送り出し会社を経営する日本人には、反社会勢力と関係の深い人物もいる。この会社は「3億円」で売り出されているが、今のところ買い手はついていない。

陰りが見え始めた「日本」へのブランド信仰

ベトナムで現地取材する前には、出稼ぎ先として韓国の人気が高まっていると聞いていた。韓国は「雇用許可制」という制度のもと、ベトナムなど15カ国から外国人労働者を受け入れている。雇用許可制にも日本の実習制度と同様、就労期間の上限がある。実習制度は5年だが、雇用許可制は10年と長い。韓国政府が送り出し国と協定を結び、毎年の受け入れ数を決めている点も違う。また、政府間のやりとりなので、少なくとも建前上はブローカーの介在が排除される。

韓国政府がベトナムに割り当てた労働者の受け入れ数は、2018年は7900人だった。雇用許可制を使い、韓国で働くベトナム人労働者は同6月時点で約4万5000人だ。一方、日本には、実習生と留学生で24万人以上のベトナム人がいる。技人国ビザを得たベトナム人を含めれば、その数は27万人を超える。つまり、韓国の6倍ものベトナム人が日本で働いているわけだ。

「韓国よりも、日本の方がずっと人気が高い」

私がベトナムで取材した斡旋ブローカーたちも、そう口を揃えていた。

実習制度と雇用許可制を比べると、手取り賃金には大きな差ない。だとすれば、ブローカーが排除され、借金をして手数料を工面する必要のない韓国をベトナム人は選ぶはずだ。しかし現実には、ベトナム側のブローカーは排除されていない。雇用許可制で韓国に行く場合も、やはりブローカーへの手数料は発生する。

違いは「帰国後」の進路である。韓国で働き、韓国語を覚えたとしても、ベトナムに戻って役立つ仕事はなかなか見つからない。その点、ベトナムには日系企業が多く、実習生の経験を活かせるのではないかと考える。留学生の場合も同様に、日本で就職できなくても、ベトナムに戻ってから日系企業で働くことを思い描く。現実には日系企業への就職も簡単ではないが、ベトナム人たちは甘い夢を見てしまうのだ。

加えていえば、日本という国のブランド力は、ベトナムにおいて韓国の比ではない。たとえば、ハノイでは日本語の看板をあちこちで見かける。よくあるのが、化粧品やサプリなど日本製品を売る商店だ。コンビニに入れば、日本製「コカ・コーラ」のミニ缶に、ベトナム製普通サイズの2倍の値段がついている。

私が入った日本の雑貨などを扱う店では、20～30年前のものと思《おぼ》しき中古の扇風機が「1万円」で売られてもいた。日本の粗大ゴミを留学生が持ち帰り、ベトナムまで運んだのであろう。

日本では値段もつかない代物が「日本製」というだけで、ベトナムでは貴重品として売買される。それほど日本は、ベトナム人にとって眩《まぶ》しい「ブランド」なのだ。

とはいえ、そんな日本ブランドへの信仰がいつまで続くことだろうか。留学生や実習生として来日したベトナム人たちは、自分たちの抱いた「ジャパニーズ・ドリーム」が幻想に過ぎなかったことに気づく。事実、ハノイやホーチミンのような大都市では、日本への出稼ぎ希望者は減っている。「日本」というブランドに、陰りが見え始めているのだ。

V社の運営する日本語学校で、私は3つのクラスを見学した。エンジニアか実習生として日本へ送り出されるクラスだったが、大半の学生は学校のあるハノイ以外の出身だった。章の冒頭で触れたフーンさんの故郷のような村に生まれ、仕事にあぶれた若者が中心なのである。

2000年代まで、日本に断トツの数の出稼ぎ労働者を送り込んでいたのは中国だった。しかし、中国人の出稼ぎ希望者は減っている。数年前まで介護士や看護師として日本で就労することが人気だったフィリピンでも、やはり希望者は大幅に減った。自国での賃金が大幅に上昇し、日本に出稼ぎに行くメリットが薄らいだからだ。

やがてベトナムでも同じことが起きることだろう。そのとき日本は、どこから労働者を受け入れるつもりなのだろうか。

日本語学部の学部長が賄賂を取る国

ベトナム人留学生たちがでっち上げ書類を使ってビザを得ている現実については、本書で繰り返し述べてきた。ブローカーを通じ、行政機関や銀行の担当者に賄賂《わいろ》を払って書類をつくる。日本では考えられない話だが、それほどベトナムでは賄賂が社会に浸透している。

賄賂の力で日本にやってくるのは、何も偽装留学生だけではない。実は、日本側がエリートとみなす留学生にも、賄賂を支払っている者は少なからずいる。

その現場を肌で体験した日本人がいる。ベトナムの大学で日本語を教えていた山口光一さん（仮名・60代）だ。山口さんは外資系企業を退職後、大学院に入学して日本語教育で修士号を取得した。その後、日本語教師として途上国に貢献したいとの思いで、ベトナムへと渡った。

山口さんが教えていた大学は、ベトナムではトップクラスの日本語教育で知られ、日本への留学環境も充実していた。ベトナム政府の国費留学に加え、日本側も政府系機関が奨学金を提供し、日本の私立大学からは交換留学生の枠も与えられていた。留学生の選考は大学の日本語学部長が担う。その権利が学部長の「利権」になっていたと、山口さんは証言する。

「学部長は年2人の枠がある国費留学生に選ばれた学生から1人につき５０００万ドン（約25万円）、日本の大学への交換留学生からは２０００万ドン（約10万円）といった具合に手数料を取っていました。また、日本の日本語学校に年20人程度の留学生を斡旋し、１人当たり８万円の紹介料も得ていた。合わせれば年３００万円以上もの収入があったはずです」

日本語学部の学費は日本円で年３万円程度だ。ベトナム人教員の給与は月約３万円である。

ちなみに、ベトナムのグエン・スアン・フック首相の給与は2019年上半期で月1735万5000ドン（約8万7000円）、下半期は若干上がって月1862万5000ドン（約9万3000円）だ。学部長が学生たちから得ていた賄賂が、いかに多額であるかわかってもらえるだろう。

この情報を山口さんが聞いたのは、ベトナム人教員4名のグループからだった。後に4名は大学に対し、学部長の汚職を告発した。だが、あっけなく返り討ちに遭い、大学から追放されてしまった。

現在のベトナムにおいて、賄賂の問題を完全に取り除くことは不可能なのだろう。しかし、現状は日本側にとっても無関係ではない。山口さんが続ける。

「国費留学生や交換留学生は、優秀だから選ばれるわけではないのです。特権階級の子弟であったり、もしくは学部長に賄賂を払った学生が奨学金を得ている。交換留学生を受け入れた日本の大学には、彼らのためにわざわざ語学クラスを設けたところもあります。そんなことも、語学力を身につけていない学生が、賄賂を使って交換留学生に選ばれているため起きてしまう」

学部長は30代の女性で、日本の国立大学の大学院で修士号を取得していた。山口さんは学部長の修士論文を見せられたことがある。

「あまりに稚拙で驚きました。ひいき目に見ても、大学生のレポートレベルでした。にもかかわらず、日本の国立大学は『A』の評価をつけていた」

山口さんは大学院時代、多くの留学生の修士論文や博士論文を添削していた。そのとき痛感したのが、日本人学生との「ダブル・スタンダード」だった。日本の大学院は中国人を中心に留学生が急増している。とりわけ文系の学部では留学生頼みが著しい。彼らは偽装留学生ではないが、大学院にまでも「留学生30万人計画」の悪しき影響が及んでいるのだ。

山口さんが添削した留学生の論文には、日本人なら不合格になるレベルのものが多かった。それでも大学側は、留学生に限っては学位を与えていた。留学生を受け入れ、大学院の経営を維持したいためである。学部長はベトナムの国費留学生だった。日本の大学が気を遣い、レベルの低い論文を認めて学位を与えたのだろう。その後、学部長は再度、日本へと留学し、トップクラスの国立大学で博士号も取得している。彼女の大学に日本政府から与えられた奨学金を使ってのことである。

結局、山口さんは1年足らずで大学を去った。彼女が学部長という立場を利用し、私服を肥やしていることが許せなかったからだ。

「彼女は今も学部長を続けています。学生からも引き続き賄賂を受け取り、日本へと留学生を送り込んでいることでしょう。この問題について、私は（海外で日本語教育を推進する独立行政法人）国際交流基金やＪＩＣＡ（独立行政法人国際協力機構）にも伝えました。しかし、無視されて終わりです。学部長を告発したことで学校から追われた4人のベトナム人教員に対しても、救いの手が差し伸べられたわけではない。日本として、どちらを支援すべきなのか。答えは明らかなのに、全く逆のことになっている。こんな現実がまかり通っていれば、優秀な留学生なんて日本には来ませんよ」

留学ブームと「新植民地主義」

ベトナム社会に染みついた「賄賂」について考えるとき、私の頭に浮かぶ光景がある。この章の冒頭で紹介した、フーンさんの故郷の村に出かけた際の出来事だ。

ハノイから車で3時間近くかかる村まで、ハノイで配車サービス「グラブ」を手配し、フーンさんに値段の交渉もしてもらっていた。グラブの運転手は明るい20代のベトナム人青年だった。フーンさんとのベトナム語での会話が一段落すると、簡単な単語を並べる程度の英語で、私に話しかけてくれるような気遣いもあった。

実家に1泊するフーンさんを残し、私はこの日のうちにハノイへ戻ることにしていた。フーンさんに運転手と交渉してもらうと、彼は二つ返事で応じた。私が村に滞在する数時間を待って、ハノイまで一緒に戻ってくれる。しかも運賃は、行きの3分の1以下の値段でよいという。

村に着くと、まずフーンさんの実家に立ち寄った。彼女にとっては半年ぶりの帰省である。家では母親と高校生の妹が、昼食を用意してくれていた。次々と料理がリビングに運ばれてくる。床に大皿をいくつも並べ、車座になって皆でつつくのがベトナム流なのだ。

フーンさんの父親も原付バイクに乗って現れた。すでに家を出て、同じ村で別の女性と所帯を持っているが、フーンさんが帰省するとこうして立ち寄るのだという。父親はニコニコと笑顔を絶やさず、ところどころ抜け落ちた歯がさらに人の好《よ》さそうな雰囲気を醸し出していた。

フーンさんと私を歓迎する宴会も兼ねた昼食には、運転手の青年も加わった。彼は台所から料理を運ぶのも手伝っていた。そして、まるで親戚のように車座の一員となり、何の遠慮もなく料理に箸《はし》を延ばしている。

「これがベトナム式なのかな?」

フーンさんに問いかけると、彼女は笑ってこう答えた。

「普通ですよ。まあ、父は少し変わっていますけど」

しばらく経つと、車座から運転手の姿が消えていた。車に戻ったのかと思うと、フーンさんが「あっち」というふうに奥の部屋を指差した。見ると、運転手はベッドの上で寝息を立てていた。見ず知らずのタクシー運転手に自宅で食事を振る舞い、寝室で仮眠まで取らせてしまう。しかもお互いに遠慮というものが全くない。

こんなことは日本ではあり得ないだろう。タクシーの会社が許さないだろうし、そもそも客の家に上がりこむのを運転手が遠慮する。ベトナムは人と人の距離が、日本よりもずっと近い。

このときの運転手のように、自分たちのために働いてくれた相手をもてなし、礼をすることは人間関係において悪とはみなされない。仕事への対価とは別に、相手への感謝を示すわけである。謝意の示し方が、金銭によってなされる場合もある。日本でも医者に対し、治療費とは別に患者が「付け届け」するようなことは、今でも田舎に行けば慣習として残っている。ただし、地位や職権を用いてはかった便宜に対し、返礼を要求すれば「賄賂」となる。

ベトナムでは、「付け届け」と「賄賂」の間の垣根が限りなく低いのだろう。警官までも当たり前のように賄賂で動く国である。行政機関や銀行の担当者が賄賂を受け取り、偽装留学生のためにでっち上げの書類をつくることくらい何でもない。書類をつくれば、偽装留学生は願い通り、ビザを得て日本へと行ける。誰かが困るわけでもなく、担当者たちには罪の意識などないのかもしれない。だからといって賄賂を肯定するつもりもないが、ベトナムとは、よくも悪くもそういう国なのである。

フーンさんの実家で昼食を取った後、彼女に案内してもらい、村から日本へ留学生として旅立った若者たちの家を何軒か訪ねて回った。その足で最後に立ち寄ったのが、フーンさんの祖母の暮らす家だった。

玄関を入ってすぐのコンクリート造りの部屋で、祖母は竹でつくられたベッドに腰掛けていた。フーンさんが私を紹介すると、祖母はパッと笑顔になった。

「日本人と会うのなんて七十何年ぶりだよ！」

そう大げさに言って、私の手を両手で握りしめてくる。壁の上部に掲げられた若き日のホー・チ・ミンの肖像画が目に入った。ホー・チ・ミンは第二次大戦後に社会主義国家として建国されたベトナム民主共和国の初代主席である。祖母のような世代では、彼は今でも英雄として崇《あが》められている。

「まさか、また日本人に会うことがあるなんて、思いもしなかったよ。ああ、懐かしい！」

祖母は私の手を握り、しばらく離そうとしなかった。

第二次大戦下、日本はこの地を占領していた。当時は幼い子どもであったとしても、祖母には日本人に複雑な思いもあったことだろう。だが、そんな胸の内は、彼女にとって七十数年ぶりで、恐らく人生最後に出会う日本人となる私に明かそうとはしなかった。

「外は暑かっただろう？　水を飲んで行きなさい」

差し出してくれたプラスチックのコップに入った生温《なまぬる》い水を飲み干し、私たちは祖母の家を後にした。

ベトナムにおける日本への「留学ブーム」は、都市部から田舎へと波及し、依然として止む気配がない。日本では現在、留学生や実習生、そして技人国ビザを得た人を含め24万人以上のベトナム人が働いている。ベトナムへ帰国した人を含めれば、日本への出稼ぎ経験者はその2倍以上になるはずだ。

日本という国は、彼らを幸せにしたのだろうか。留学生にも、フーンさんのような成功例はある。実習生として日本で働いた後、ベトナムに戻って斡旋ブローカーとなり、大金を摑《つか》んだ者もいる。だが、成功者は決して多くないのではなかろうか。

「新植民地主義」

現地の大学で日本語を教えていた山口さんは、日本がベトナムに対して行なっている現状をそう表現した。帝国主義下の日本は、植民地の人々を労働力として徴用した。それと似たことが今、日本とベトナムの間で「留学生」や「実習生」という制度を通じて起きているというのだ。第四章で書いた日本語教師の鈴木さんがベトナムで抱いた思いと同じである。

その見方には私も強く同意する。日本がベトナムを占領していた時代にも、うまく立ち回って成功していたベトナム人はいたことだろう。だからといって、両国の関係があるべき姿であったとはいえない。それは今の日本とベトナムの関係にも当てはまる。

2010年代前半にベトナムで火がついた留学ブームは、今後どんな展開を見せるのだろうか。ブームはベトナム国内では都会から地方へ、また周辺のアジア新興国へと伝播《でんぱ》している。多額の借金を背負い、出稼ぎ目的で来日するという同じモデルである。そしてついには、「幸せの国」として知られるあの国にまでも飛び火していくことになった。

第七章　「幸せの国」からやってきた不幸な若者たち

首相懇談会で飛んだ怒号

２０１８年４月10日午後——。東京の気温は20度近くまで上がり、春らしさが増していた。そんななか、東京・日比谷《ひびや》の帝国ホテルで、ブータンから来日中のツェリン・トブゲイ首相（当時）と在日ブータン人留学生との懇談会が開かれていた。

会場となった「桜の間」では、この日の夕方、日本政府関係者も出席しての首相歓迎会がある。トブゲイ首相は翌11日、安倍晋三首相との会談も控えていた。そんな多忙な日程を縫い、首相が留学生たちと会ったのには理由がある。ブータン政府にとって日本への留学生送り出しは、２０１７年から進める国策なのである。

ブータン労働人材省が主導するプログラムのもと、２０１７年春以降だけで７３５人のブータン人留学生が来日し、日本語学校に入学した。ブータンは人口約80万の小国だ。ブータン人留学生の数は、人口比で見れば日本への「留学ブーム」に沸くベトナムにも匹敵する。

「桜の間」には、100人近い留学生たちが集っていた。彼らに向かい、ブータンの民族衣装に身を包んだトブゲイ首相から激励のスピーチがなされた。本来であれば、形式に沿って静かに終わる会である。しかし、会場から首相に飛んだ発言で空気が一変した。

「留学生たちは皆、日本で大変な苦労をしています。ブータンで背負った多額の借金を返済するためアルバイトに追われ、勉強どころではありません。進学はおろか、来年の日本語学校の学費さえ払えない状況なのです」

英語で発言したのは、ブータンの民族衣装に身を包んだ日本人の中年女性だった。会場の留学生から拍手が巻き起こる。

「留学を斡旋《あっせん》しているブローカーは、日本語学校から斡旋料を得ていて……」

女性がそこまで話したところで、壇上脇にいたブータン人男性が女性に対し、声を荒げ怒鳴った。

「あなたは何者なんだ！　どんな資格で会に参加しているのか！」

首相まで参加している会だというのに、会場は異様な空気に包まれた。留学生たちも男性の剣幕に呆気《あっけ》にとられている。

ブータンといえば、日本では「幸せの国」として知られる。そのブータンから、国の期待を担って留学生として送り出された若者たちに、いったい日本で何が起きているのだろうか。

労働人材省とブローカーがタッグを組んだ「学び・稼ぐプログラム」

ブータンの首都・ティンプー出身のドルジ君（仮名・20代）は２０１７年10月、東京近郊の日本語学校の留学生として来日した。初年度の学費など留学費用の70万ニュルタム（約１１２万円）を借金してのことだ。20代の大卒給与で月３万円程度というブータンでは、とてつもない大金である。

留学ビザの取得には、アルバイトなしで留学生活を送れる経費支弁能力が求められる。しかしドルジ君の家族には、そんな経済力はない。支弁能力があるよう見せかけるため、預金残高や収入をでっち上げた書類は、ブータンの留学斡旋ブローカーが準備した。

来日後は、２つのアルバイトをかけ持ちし、留学生のアルバイトとして認められる「週28時間以内」に違反して働いている。留学のために背負う多額の借金、でっち上げの数字の記された書類でビザを得るやり方、また法定上限を超える就労など、ドルジ君は典型的な偽装留学生のように映る。

だが、ベトナムなどの偽装留学生とドルジ君には違いがある。彼はブータンでトップの大学を卒業した学歴の持ち主なのだ。

「日本に留学したのは、大学院に進学したかったからです。ブローカーからは、日本語学校を修了すれば、大学院に入学できると説明を受けました。進学しない場合も、簡単に仕事は見つかる、と。でも、すべて嘘だった」

ブータンの公用語はゾンカ語だが、小学校から英語が教えられている。ドルジ君も英語での会話に不自由はない。

彼は日本語学校に通う傍ら、ホテルで掃除のアルバイトをしている。午前中は週6日のペースで働いた後、午後から授業に出席する。加えて週3〜4日、コンビニ弁当の製造工場で夜勤に就く。夜勤のある日は、ほとんど睡眠時間もない。

「体力的にきついです。日本語を勉強したくても、時間がありません」

ドルジ君の表情は、憔悴《しょうすい》しきっていた。ブータンにいた頃の写真を見ると精悍《せいかん》で、別人のようにに生き生きとしている。日本に来て数カ月で、体重も5キロ以上減ったという。

ブータン人留学生の多くが、ドルジ君と似た生活を強いられている。母国の首相に対し、苦境を訴えたくなるのも当然だ。

ブローカーの甘い言葉に騙《だま》されて日本へと留学するパターンは、ベトナムなどでも「留学ブーム」の初期に見られた。彼が日本へ留学するまでの経緯を振り返ってみよう。

ドルジ君が日本留学のチャンスがあると知ったのは、来日1年近く前、友人からの情報からだった。その頃、大学卒業を間近に控え、彼は進路について悩んでいた。

「ブータンで公務員になる道もありました。だけど、僕はもっと勉強したかった。金銭面で余裕のあるブータン人には、大学院からオーストラリアに行くケースもある。しかし僕には無理でした。そんなとき、日本へ行けば大学院に進学できると聞き、説明会に参加したのです」

説明会を開いたのは、「ブータン・エンプロイメント・オーバーシーズ」（ＢＥＯ）という留学斡旋業者である。ＢＥＯについては後に詳しく述べるが、日本に住んだ経験を活《い》かし、日本人旅行者の現地ガイドなどをしていたブータン人男性が設立した。

ドルジ君ら数名のブータン人留学生によれば、ＢＥＯの幹部からこんな説明があったという。

「日本に行けば、留学中でもブータンでは考えられないほどの大金を稼げる。留学生は週28時間までしか働けないという法律はあるが、違反して働くことは難しくない。ブータンではプラスチック製品の輸入や使用が制限されているが、国内には溢れているだろう（それと同じで、日本の法律にも建前と本音がある＝筆者注）。留学費用の借金だって短期間は返済できる」

ベトナムなどのブローカーが留学生の勧誘に使うのと似通った宣伝文句である。さらにＢＥＯ側は、こうも話したという。

「ブータンで大学を卒業した人は、日本語学校を修了すれば大学院にも進学できる。進学せずに就職したければ、日本側のエージェントが仕事を斡旋してくれる」

多くのブータン人にとって日本は憧《あこが》れの国だ。その日本で大学院に進学し、また専門的な仕事にも就けると考え、ドルジ君は夢を膨らませた。そして彼は、ＢＥＯが用意した契約書にサインする。そこには次のような文言が載っている。

〈(日本での) 学費と生活費は、BEOの日本代理人であるライト・パス社 (Light Path Co.) が斡旋するアルバイトで賄われる。(アルバイトを通じ) 候補者 (留学生) は最低でも年収111万ニュルタム (約178万円) が得られる。希望者は (大学院への) 進学も可能。〉

〈日本語学校を修了後、ライト・パス社は大卒者に対し、正社員としての仕事を斡旋する。その際の年収は、各人の技能、経験、実績、勤務態度によって最低150万ニュルタム (約240万円) から最高300万ニュルタム (約480万円) となる。〉

こんな条件を提案されれば、ブータンの若者が飛びつくのも無理はない。ただし、中身をよく読めば、怪しい話であることもわかる。

留学中に得られるという年収「約178万円」は、月収に直せば約15万円である。「週28時間以内」で働いたとして、時給1200円近いアルバイトに就く必要がある。日本語に不自由な外国人の場合、賃金が割り増しになる夜勤の肉体労働でしか得られない時給だが、アルバイトの内容についての説明はない。

一方、大卒者は日本語学校を修了すれば就職先が斡旋されるとし、やはり具体的な年収額まで書いてある。だが、就職や進学に必要な日本語能力などは一切示していない。

日本の事情をわかった人であれば、とても信用できる中身ではない。しかし、ブータンの若者には日本に関する知識がない。そしてBEOは、労働人材省から免許を得ている歴《れっき》とした業者である。契約書にも、同省のお墨付きを証明する言葉があった。

〈ブータン労働人材省が、渡航前の語学研修費用は負担する。〉

同省はＢＥＯとタッグを組み、２０１７年４月から「The Learn and Earn Program」（学び・稼ぐプログラム）という制度を始めていた。日本側の日本語学校の入学時期である４月、７月、10月にブータンから留学生を送り出す。その名のとおり、日本で「稼ぐ」ことを前提にしたプログラムである。

２つの契約書

ＢＥＯと契約書を交わした後、ドルジ君は３カ月間に及ぶ日本語の研修を受けることになった。その傍らで、留学ビザ取得に向けた手続きも、ＢＥＯの手配で着々と進んだ。ビザを審査するのは、日本の法務省入国管理局と在ブータン日本大使館だ。両者から経費支弁能力の証明書類の提出を求められた際に備え、書類もＢＥＯが用意してくれた。

「証明書には、預金残高は約２３０万ニュルタム（約３６８万円）、月収は約10万ニュルタム（約16万円）といった数字が載っていました。もちろん、どちらも全く嘘の数字です。そんな貯金があれば、オーストラリアに留学していた。実際の親の収入は、契約書に書かれた金額の３分の１以下に過ぎません」

留学資金70万ニュルタムの借り入れ先となったのはブータン政府系の銀行だ。「学び・稼ぐプログラム」を通じた留学生の大半は、同じ銀行から資金を借りている。金利は年８％で、５

年間で完済する契約だ。月々の返済額は約1万4000ニュルタム（約2万2000円）に及ぶ。借金は大きなリスクだが、日本に行けば「短期間で返済できる」というブローカーの言葉を信じた。

そして日本への渡航が翌月に迫っていた頃、思わぬことが起きた。ドルジ君ら留学予定者に対し、BEOが新たな契約書にサインするよう求めてきたのだ。2通目の契約書は、当初のものと大きく内容が違っていた。

まず、日本側の代理人が「ライト・パス社」から「SND」という会社に変わっていた。さらには、1通目にはなかった以下の文言も加わった。

〈候補者は日本の法律によって、（日本語学校）学期中は週28時間、長期休暇中はそれより少し多いアルバイトに従事することが認められる。〉

〈日本語学校で日本語能力試験N2に合格した者に対し、正社員としての仕事をSNDが斡旋する。〉

「週28時間以内」というアルバイトの法定上限、さらには就職の条件として「N2」が加筆されている。一方で、1通目の契約書にあった日本語学校在籍中、また就職後の収入額は丸ごと消えていた。

この時点で、ドルジ君らは契約を破棄することもできた。しかし、説明会から数えて半年以上も準備を重ね、家族の期待も膨らんでいる。今さら日本行きを止めたところで、ブータンですぐに仕事が見つかる当てもない。当初交わした契約書によって、留学を辞退すれば「5万ニュルタム」（約8万円）の違約金が発生することにもなっていた。ブータン人には大きな額である。違約金の存在も、ドルジ君が契約破棄に踏み切れなかった理由だった。

「僕たちが辞退できないとわかって、ＢＥＯは突然、新しい契約書を出してきた。ＢＥＯに騙されたんです」

ドルジ君には現在、月15万円程度の収入がある。しかし、毎月2万円以上に及ぶ借金の返済に加え、ブータン人の友人3人とシェアするアパート代も月2万円程度かかる。さらには来年分の学費も貯めなければならず、生活に余裕はない。そもそもアルバイト漬けの生活で、肝心の日本語はほとんど上達していない。

「このまま日本にいても、大学院進学や就職は無理でしょう。ブータンに戻っても、月2万円以上の借金返済を続けられるような仕事には就けない。どうしていいか、全くわかりません」

怪しい日本人の視線

冒頭で紹介したトブゲイ首相と留学生の懇談会は、私も会場の外で耳を傾けていた。ブータン支援に関わる日本人の関係者から、開催を知らされていたのだ。ブータン人留学生たちの苦境について知ったのも、関係者による情報提供がきっかけだった。

「あなたの英文記事と本をブータンの首相に直接渡してもらいたい。その場は私の方でつくります」

関係者からはそう告げられていた。留学生問題をテーマに私がネット媒体へ寄稿した記事には、英訳されたものもある。それを持参し、首相に対して留学生の置かれた状況について説明してほしいというのだ。

ブータンは小国とはいえ、一国の首相にアポなしの面会など叶《かな》うのか。半信半疑で、私は首相懇談会の会場に出向いていた。

ブータン人留学生たちとの懇談を終え、トブゲイ首相が「桜の間」から出てきた。随行のスタッフ数名に囲まれてのことである。そこに私を会場へと呼んだ日本人の関係者が足早に近づいていく。その手には私が持参した記事と本が握られていた。

「プライム・ミニスター（首相）！」

関係者は首相に呼びかけ、記事と本を差し出した。首相は受け取ったが、足を止めることなくその場を去っていく。そんな光景を前に、私はただ呆気に取られるしかなかった。やはり首相との面会など、叶うはずもなかったのだ。

首相を待っている間、会場前の廊下でブータン政府幹部と話す機会があった。その際、幹部に対し、ブータン人留学生が日本で直面する苦境、経費支弁能力のない留学生を日本へと送り込む「学び・稼ぐプログラム」の正当性などについて尋ねてみた。すると幹部は困った表情でこう答えてきた。

「私には、プログラムがそう悪いものだとは思えませんよ。留学生たちは目的通り、学び、稼いでいる。日本政府だって正式にビザを発給しているじゃないですか。いずれにせよ、詳しいことは担当の労働人材省に尋ねてください」

そしてこう念を押すことも忘れなかった。

「記事を書くなら、くれぐれも私の名前は匿名でお願いします」

幹部の口が重たいのには理由がある。後述するが、「学び・稼ぐプログラム」はブータン国内で、トブゲイ政権の行方にも影響しかねない汚職事件の源になっていたのだ。

政府幹部と立ち話をしている最中、遠巻きに私たちを見ている日本人男性がいた。男性は以降、私の行動を監視し続けた。首相が会場から出てきて、関係者が私の記事などを手渡す様子も確認していた。やっと監視が終わったのは、私がエレベータに乗り込み、「桜の間」のフロアから離れたときである。関係者の話では、ブータン人留学生にアルバイトを斡旋している日本人業者なのだという。

ＢＥＯが日本の代理人として契約書に明記した「ライト・パス社」、「ＳＮＤ」という2つの会社について、インターネットで検索してみた。しかし、そんな名前はヒットしなかった。そしてドルジ君ら留学生たちも、誰ひとり両社の連絡先すら渡されていなかった。

さらに不可思議なのは、ＢＥＯという留学斡旋業者である。こちらの電話番号やメールアドレスも、留学生たちは知らないのだ。2通の契約書にもＢＥＯ経営者のサインがあるだけで、連絡先すら載っていない。そもそも契約書自体、ＢＥＯは留学生たちに渡していなかった。

私につきまとっていた男性の、刺すような視線が脳裏に焼き付いている。ＢＥＯや日本側の日本語学校と組んで始めたビジネスに対し、余計な邪魔者が入ることを心配したのだろう。

留学生たちが証言するように、ＢＥＯというブローカーは彼らを騙し、日本へ留学するよう導いたのか。ブータン労働人材省も同社と一体なのか。ブータン人留学生が送り出された経緯について、私は詳しく取材してみることにした。

プログラムの「落とし穴」

そもそも、なぜ「学び・稼ぐプログラム」はつくられたのか。

ブータンでは長く絶対君主制が敷かれていたが、２００８年に立憲君主制へと移行した。そして立憲君主制となって二度目の総選挙があった13年、ツェリン・トブゲイ首相率いる国民民主党へと政権交代が起きた。その際、同党が掲げた公約の1つが「若者の失業対策」だった。

そしてトブゲイ政権のもと、ブータンで初となる海外への労働者送り出しが始まる。送り先となったのは、ドバイやクウェートといった中東諸国、タイ、インドなどだった。目標は5年間で3万人の送り出しだったが、数は伸びず、16年には目標を９０００人へと大幅に下方修正を迫られた。野党から政権への批判も高まっていく。そんななか、起死回生を目指し導入されたのが「学び・稼ぐプログラム」だった。

ブータン全体の失業率は3％程度だが、15～24歳の若年層に限っては10％以上とされる。外国人観光客相手のツアーガイドなどとして不定期に働いているだけの若者も多く、雇用環境の実態は統計に表れる以上にひどい。観光業以外に産業が育っておらず、ホワイトカラーの仕事といえば公務員くらいなのである。ドルジ君によれば、彼のような大卒者でも仕事が見つからず、職を求めて海外へ行くケースが多いという。

「主な渡航先は中東諸国で、モールなどの店頭で働くケースが目立ちます。英語を活かしてのことですが、あまりよい仕事とは言えません」

そんななか、日本に留学して日本語学校を修了すれば、大学院に進学したり、専門の仕事に就けるとの話が舞い込んだ。しかも、日本語学校に在籍している間も、ブータンでは考えられないほどの金が稼げるという。多くの若者が「学び・稼ぐプログラム」に殺到したのも無理はない。

だが、このプログラムには落とし穴があった。労働人材省と連携し、留学を斡旋するブローカーが当初示した契約書には、日本での収入や就職に関し、ブータン人が喜ぶ条件が並んでいた。そして契約を結ばせた後、渡航直前になって内容の異なる契約書を持ち出し、留学希望者に再びサインさせている。完全な「後だし」である。

しかも留学生たちは、日本で待っている生活について全く知らされていなかった。ブローカーが2通目の契約書で就職の条件に挙げた日本語能力試験「N2」合格にしろ、彼らは難易度も理解せず来日している。母国で3カ月ほど日本語を学んで日本にやってきて、徹夜のアルバイトに明け暮れるブータン人には、N2合格は実質不可能なハードルだ。

「学び・稼ぐプログラム」を中心になって進めるBEOは、ジュルミ・ツェワン氏というブータン人男性が営んでいる。同プログラムで来日した735人のうち、703人はBEOによる斡旋だ。

私が関係者から入手した留学生の費用明細には、彼らがBEOに支払う手数料は1人当たり5万7000ニュルタム（約9万2000円）とある。加えて、日本側の日本語学校からも、留学生の斡旋料がBEOに支払われた可能性が高い。ベトナムなどでは、留学生1人の斡旋につき「10万円」が相場である。BEOにも同程度のキックバックがあったとすれば、留学生からの手数料と合わせ1人当たり20万円近い収入だ。つまり、1億円をゆうに超える収入があったことになる。

費用明細には他にも細かな内訳が載っているが、そのなかには日本の在外公館への「土産代」まで計上されている。よもや在外公館がブローカーから土産を受け取るとは思えないが、そのぶん留学生の借金も増える。

ベトナムなどの留学ブームでは、現地の若者の無知に付け込み、多くのブローカーが斡旋ビジネスで荒稼ぎした。BEOも同様の手口をブータンへと持ち込み、利益を上げたのだろうか。

実は、私はBEO経営者のツェワン氏と東京で遭遇しかけたことがある。本章の冒頭で紹介したトブゲイ首相との懇談会で、会場から留学生たちの苦境を訴える発言があった際、声を荒げ、必死で打ち消そうとしたのが彼なのだ。やはりツェワン氏は表に出たくない理由があって、連絡先を公表していないのか。取材を続けていると、関係者からこんな情報がもたらされた。

「ツェワン氏の妻は日本人で、現地で日本語学校を営んでいる。この学校は日本へ渡る留学生の語学研修も一手に引き受けていて、夫婦で送り出しに関わっていると見て間違いない」

留学生の送り出しには、日本語学校などとのやり取りを始め、日本とのコネクションが要る。ベトナムなどでも現地の日本人が日本語学校の運営に関わり、留学生斡旋をビジネスにしているケースは多い。

「朝日新聞」が持ち上げた日本人女性

ツェワン氏の妻は青木薫《あおきかおる》氏という女性である。2011年にブータン初の日本語学校「ブータン日本語学校」を設立し、現在まで校長を務めている。

関係者の間では、青木氏はブータンの発展に尽力する日本人として有名だ。内閣府の「平成29年度 アジア・太平洋 輝く女性の交流事業報告書」では、「輝く女性」の1人として紹介されている。18年6月、河野太郎《こうのたろう》外相がブータンを訪れた際には、在留邦人を代表してレセプションへも招かれた。

17年10月28日の「朝日新聞」朝刊「be」面も、彼女のことを2ページにわたって報じている。

各界で活躍する人物を紹介し、インタビューする連載企画「フロントランナー」というページである。
記事によれば、青木氏は1959年生まれで、ツェワン氏と結婚後、日本でやっていた看護師の仕事を辞めてブータンに移住したのだという。移住は96年とあるので、現地在住は20年以上になる。
記事が載った17年10月時点で、BEOによる留学生の送り出しが始まって半年が経過していた。記事にも、送り出しに関して記者と青木氏のやり取りがある。
記者「この10月、380人を超える生徒を日本に送り出しました。国に金を借り、日本でアルバイトすることを前提に学ぶやり方には批判もあります」
青木氏「でも誰が強制したわけでもなく、彼らは挑戦しようとしています。日本が持つ誠実さや勤勉さを学んでほしいと思っています」
記者「どうやって挑戦をサポートしていきますか」
青木氏「基本的に日本からブータンに足を運んでいただき、顔の見える関係を築けた日本語学校にお預けしています。アルバイトを含め、しっかり生活の面倒を見てくれるか、自己主張の弱いブータンの子どもたちの特性を理解してくれようとしているかも重視しました。いい加減な学校には行かせません」
「380人」という留学生の数は、17年10月に「学び・稼ぐプログラム」でBEOが日本へと送り出した「382人」とほぼ一致する。それを否定もせず答えていることから、やはり青木氏は夫のツェワン氏とともに送り出しを担っているようだ。

それにしても、朝日の記者は青木氏にインタビューする前、ブータン人留学生たちを取材したのだろうか。留学生送り出しに関する質問にしろ、単に青木氏の主張を聞いているに過ぎないのである。

青木氏は留学生たちを「いい加減な学校には行かせません」と胸を張る。だが、私が取材したブータン人留学生には、日本語学校が「寮」として用意した一軒家の3部屋に、20人以上で押し込まれていた者もいた。3カ月分の寮費7万5000円は、BEOを通して前金で支払っていて、すぐに退去もできない。1人から月2万5000円、全員の寮費を合わせると日本語学校には月50万円以上が入る。寮があるのは東京都内の外れで、家賃の高い場所ではない。日本語学校による寮費のボッタクリは横行しているが、これほどひどいケースは私も見たことがない。そんな学校のどこが「いい加減な学校」ではないのか。

そもそも「日本の誠実さや勤勉さ」を学ぶといっても、留学生のアルバイト先はベトナム人などの偽装留学生で溢れる職場ばかりだ。日本人の同僚などほとんどいない。そうした事情も、青木氏なら十分にわかっているはずである。

朝日のインタビューは、こんなやり取りで終わっている。

記者「生徒を『子どもたち』と言っていますね」

青木氏「私にとっては20歳を超えても、生徒はいとしい子どもたちなんです。だから心配もするし、叱ることだってある。みんなが元気で戻ってきてくれることを心底願っています」

ブータン人留学生たちが記事を読めば、激怒するに違いない。彼らはブータンに戻りたくても、多額の借金を抱えて戻ることすらできないのだ。

朝日はよほど青木氏が気に入ったようで、ブータンからの人材受け入れを取り上げた2018年1月7日付け電子版「GLOBE+」でも、彼女のコメントを記事の締めに使っている。

「ブータンには世界中から良いオファーが来る。世界の中で日本の位置が変わったことを、政治家たちはわかっていない気がする」

私がブータン人留学生、同国の事情に詳しい関係者たちから得た情報とは全く違う。ブータンの若者に対して「世界中から良いオファー」など届いていない。トブゲイ政権が始めた出稼ぎ労働者の送り出しにしろ、順調には進まなかった。単に英語ができる程度では、少なくとも先進国から良い仕事への「オファー」などないのである。だから留学生は、多額の借金までして「学び・稼ぐプログラム」に飛びついた。

それにしても、朝日新聞というメディアはどこまで罪深いのか。第一章では、朝日の配達現場で横行するベトナム人奨学生の違法就労問題について書いた。また、「留学生で町おこし」をテーマにした第五章でも、朝日の関連記事を批判した。こうして繰り返し朝日ばかりを批判していると、私が同紙に対して個人的な恨みでも抱えているのかと勘ぐる読者もいるかもしれない。しかし、決してそんなことはない。留学生問題について取材していくと、とんでもない朝日の記事に必ずといってよいほど行き当たる。私は他紙の関連記事にもできる限り目を通しているが、朝日ほどのひどさはない。朝日は〝人権派〟を代表する新聞として、留学生を含む外国人労働者問題を頻繁に取り上げる。しかし、記事にはあまりにも問題が目立つ。きわめて短絡的で、かつ一方向からの取材しかなされていない。その背景には、留学生をめぐる問題に蓋《ふた》をして、自らの配達現場を守りたい朝日の意図が働いているように思えてならない。

「留学生が嘘をついている」

青木氏は朝日新聞、そして内閣府も認めるような「輝く女性」なのだろうか。それとも営利目的で、夫とともにブータンの若者たちを日本へと斡旋しているだけなのか。

18年7月8日、青木氏とツェワン氏に対し、ブータン人留学生問題を寄稿することになっていた「フォーサイト」編集部から取材依頼と質問状を送ってみた。送った先はブータン日本語学校のアドレスである。そして確認の電話を学校に入れると、日本語教師を務める日本人女性が応対した。青木氏は日本に一時帰国中で、携帯番号すら知らされていないという。取材依頼のメールについても、またツェワン氏が経営するＢＥＯという会社についても「何も知らない」との答えだった。

教師が校長の連絡先も知らず、校長の夫が営む会社についても「知らない」ことなどあり得るのか。そもそもこの学校は、ＢＥＯと一体となって日本へと留学生を送り出している。

不審に思っていると、数日後にツェワン氏からメールで返信が届いた。質問状の英訳を送ってほしいという内容だった。返信の最後には、自らの肩書きが「ブータン日本語学校　ディレクター」とあった。ツェワン氏はＢＥＯのみならず、同校の運営にも関わっているわけだ。

ツェワン氏に英訳した質問を送ると、私がブータンまで取材に行けばインタビューを受けるという。ブータン行きは無理だと伝えると、しばらく連絡が途絶えた。その後、繰り返し回答を促した結果、期限を数日過ぎた7月末にやっと返事があった。

私が送った質問は、青木氏へのものを含め11項目である。それに対し、ツェワン氏からの答えはＡ４用紙で８ページに及ぶ長文だった。以下、主な質問と回答の要約である。

――留学希望者への説明会で、ＢＥＯの担当者は「日本に行けば、日本語学校在籍中でも月30万円は稼げる」「週28時間を超えて就労することも簡単」といった話をしたのか。

「そんな話は全くしていない。あなたがインタビューした留学生たちが嘘をついている」

――なぜ、２つの契約書が結ばれていて、内容が全く違うのか。

「留学中に得られる年収の１１１万ニュルタム（約１７８万円）といった数字は、労働人材省からの指示で削除した。ただ、この金額が得られない場合は、ＢＥＯもしくは日本のエージェントが差額を補填《ほてん》する。就職の条件として『Ｎ２』を加えたのも、同様に労働人材省の求めがあってのことだ。

N2取得の必要性については、留学希望者に当初から強調して伝えていた。今さら彼らが不満を述べているとすれば驚きだ。これまで留学生たちからの苦情は一切出ていない。（2通目の契約時点で）留学生たちが当初の契約書に従いたいなら、それをBEOは尊重するとも伝えている」

――BEOの日本代理人である「ライト・パス社」と「SND」の所在地と連絡先を教えてもらいたい。

「SND（ライト・パス社から改称）は福島市（実際には「いわき市」であることが後に判明＝筆者注）に拠点を置いているが、所在地や連絡先を教える権限はわれわれにはない」

――私が取材したブータン人留学生たちには、日本の留学ビザ取得に必要な経費支弁能力を有する者が1人もいない。親の銀行預金残高や収入の書類に関し、BEOが偽造したと証言しているが。

「他国からの留学生とは異なり、ブータン人の場合は政府が支援するローンを得ている。そのため（預金残高や収入など）他の書類の必要性が免除されている」

ツェワン氏は書類の偽造については回答を避けたうえで、「書類の必要性が免除されている」と答えた。そこで「免除」の真偽に関し、ブータン人留学生のビザの審査業務を担った在ブータン日本大使館に尋ねてみた。同大使館の答えは以下のとおりだ。

〈留学希望者が在外公館で留学目的のビザ申請を行う際には、法務省入国管理局が発行する在留資格認定証明書の提出が必要となっています。在留資格認定証明書があったとしても、在外公館から申請人に経費支弁能力を立証する書類の提出を求める場合があります。なお、ブータンの場合，審査に関して「The Learn and Earn Program」を理由として必要書類の提出を免除することは行っておりません。〉

わかりにくいので、留学ビザ申請の流れを整理してみよう。申請の際には、まず留学先となる日本語学校が入管当局に必要書類を提出する。そして入管の審査に通れば、在留資格認定証明書が交付される。その証明書を留学希望者もしくは代理のブローカーなどが在外公館へ持参し、審査に通ればビザが発給されることになる。

在ブータン日本大使館は「学び・稼ぐプログラム」への書類の免除は否定した。その点からして、ツェワン氏の主張と食い違う。一方で同大使館は、実際に提出を求めたとも言い切っていない。いったいどういうことなのか。入管業務に詳しい法務省関係者に解説してもらった。

「不法残留などの問題が多いベトナム、中国、ネパール、バングラデシュ、ミャンマー、モンゴル、スリランカの7カ国の留学希望者に対しては、入管は在留資格認定証明書を交付する際、書類の提出を必ず求めています。その他の国の場合も、審査官の裁量で提出を求めるケースがある。そのため日本語学校などに対し、書類を準備しておくよう指導しています。ブータンは7カ国以外のため、入管の審査官が書類を提出させず、簡単な申請書だけで認定証明書を出してしまった可能性がある。同様に在ブータン日本大使館も、書類の提出を求めていないこともあり得ます」

在ブータン大使館としては、審査時に書類を提出させたと認めれば、でっち上げ書類を受け入れビザを発給したと批判されかねない。また、経費支弁能力のない「学び・稼ぐプログラム」の留学生を優遇したとの非難も避けるため、書類提出の免除については否定した。同大使館は2つの批判をかわそうとして、いかにも官僚らしい曖昧《あいまい》で、かつ巧妙な答えをしているのである。

同大使館や入管当局がブータン人留学生に関し、書類の提出を求めたのかどうかはわからない。ただし、複数の留学生が「ＢＥＯが書類を捏造した」と証言している。一方で、ツェワン氏は、捏造の有無については答えていない。それを踏まえると、ＢＥＯが大使館などから要求された場合に備え、書類を捏造していた可能性は否定できない。

「35万円」で就労ビザが手に入る

ツェワン氏からの回答には、他にも以下のような文章があった。

「日本で苦難に直面している留学生は全体の1割程度で、生活態度に問題のある者ばかりだ」

「ブータンは人口78万足らずの小さな国。国民すべてが知り合いのような環境で、われわれが留学生を騙せるような余地はない」

「あなたに誤った情報を流され、私たちこそ彼らに騙されたと感じている」

一方、青木氏からは、最初に質問を送って約1カ月が経った18年8月6日に回答が届いた。「学び・稼ぐプログラム」の正当性に関し、彼女は短くこう答えていた。

「海外留学は限られた一部の若者だけが可能でした。Learn and Earn Program により、留学のチャンスが拡大しましたので肯定しています」

確かに、ブータンの若者たちに日本への留学の機会は提供された。しかし、そのやり方に問題はなかったのだろうか。

私はこの時点で、10人近いブータン人留学生を取材していた。複数のルートを使ってのことである。そのうちの数人とは3カ月以上にわたって繰り返し会い、信頼関係をつくっていった。彼らがBEOというブローカーを貶《おとし》めるため、口裏を合わせ、嘘をついているようには思えない。

留学生たちは皆、当初は私の取材を拒んでいた。身元がバレることを極端に恐れていたからだ。ブータン人留学生にとっては、労働人材省が主導した「学び・稼ぐプログラム」に異議を唱えることは、政府自体への批判にも通じる。ブータンは民主化の歴史が浅く、今も政府が絶対的な権限を握っている。しかも村社会のような小さな国なのだ。恨みを買えば、帰国後にどんな仕打ちが待ち受けているかも知れない。大学を出たばかりの若者たちには、ジャーナリストへのタレ込みは相当の勇気と覚悟が要る。そんなリスクを冒してまで情報を提供してくれたのは、いかに彼らが日本で追い込まれているかの証《あかし》である。

もちろん、留学生たちの自己責任も完全には否定できない。青木氏が述べているように「海外留学のチャンスが拡大」したと喜び、「誰が強制したわけでもなく」甘い誘いに乗ってしまった。その意味で、非がないとはいえない。とはいえ、彼らはブータンという小国で育った、社会経験もない若者なのである。

実は、ツェワン氏は、私が彼に送った質問への回答を待っていた最中の18年7月下旬、日本を訪れていた。ブータン人留学生たちに就職を斡旋するためである。

「日本のエージェントに35万円を払えば、就労ビザが手に入る」

そんな勧誘がツェワン氏からあったという。事実関係を確かめようと彼に追加質問を送ったが、締め切りを過ぎても回答はない。

安倍政権が留学生の就職増を「成長戦略」に掲げた影響で、就労ビザの取得要件は大きく緩んでいる。日本語能力の乏しい留学生でも、就労ビザを取得するケースが急増中だ。そうした現状にツェワン氏も目をつけたのかもしれない。

しかしBEOは、日本での就職にはN2合格が条件だと2通目の契約書で掲げていた。合格しなくても「35万円を払えば、就労ビザが手に入る」ことなど、どこにも書いていない。これでは学費の支払いに苦労する留学生たちに付け込み、「就職」をエサにさらに金をむしり取ろうとしているだけではないか。そもそも彼は、なぜ来日中にインタビューに応じようとせず、わざわざ私にブータンへ来るよう求めたのか。

ツェワン氏が「留学」から「就職」の斡旋にビジネスをシフトしているとすれば、その理由はある。ＢＥＯによる留学生の送り出しは、18年4月を最後に停止している。ブータン労働人材省が政府系銀行を通じた留学希望者への資金貸し付けを止めたからである。「稼ぎ・学ぶプログラム」をめぐって、同省の汚職事件が問題となった影響だ。そしてこの事件は、18年9月に迫っていた総選挙の行方を左右する可能性があった。

労働人材省の汚職疑惑

「日本に留学すれば、日本語学校に在籍中でも多くの金が稼げる。留学費用の借金だって短期間で返済できる」

そんな甘い言葉で留学希望者を募るやり方は、ブータンに先駆けて日本への「留学ブーム」が巻き起こったベトナムなどアジアの新興国で、ブーム初期に斡旋ブローカーがよく使っていた。現地の若者が日本の事情に疎いことに付け込み、彼らを「留学」という名の出稼ぎに誘い込む。留学生の数を増やし、ビジネス拡大を目論《もくろ》む日本側の日本語学校とタッグを組んでのことである。

ただし、ブータンに限っては、他のアジア諸国には見られない特徴がある。それは「学び・稼ぐプログラム」という名のもと、政府が主導して日本へ留学生を送り出していることだ。

同プログラムでは、ＢＥＯというブローカーが中心的な役割を担っている。そのＢＥＯと一体となって、プログラムを推進してきたのがブータン労働人材省なのである。

労働人材省にも見解を尋ねようとしたが、取材はＢＥＯと同様に難航することになった。まず、同省の広報担当者に取材を依頼すると、「学び・稼ぐプログラム」を統轄するシェラブ・テンジン雇用人材部長ら2名の幹部に連絡せよとの指示があった。テンジン雇用人材部長は、「朝日新聞」（18年1月7日付け電子版「ＧＬＯＢＥ＋」欄）がブータン人材の送り出しを肯定的に報じた際には、前述したブータン日本語学校の青木薫校長と一緒に喜んで取材に応じていた。

指示に従い、テンジン部長ら2人に英文の取材依頼を作成して送ると、1週間以上も経ってやっと返事が届いた。返信の主はテンジン部長のアシスタントで、取材の可否は答えず、私の勤務先、役職、会社の連絡先などを尋ねてくるものだった。

先に送ったメールには、私が「フォーサイト」に外国人労働者問題を連載しているフリーのジャーナリストだと説明し、他のネットメディアに寄稿した英文記事のリンクなども添付していた。にもかかわらず、「勤務先」等を尋ねてくるというのは解せない。仕方なく、私自身について再度説明したメールを送って反応を待っていると、こんなことがあった。

私とアシスタントのメールのやり取りは、雇用人材部の数名にシェアされていた。そのうちの1人が同僚に宛てたメールが、誤って私にも届いたのだ。そこには口語調の軽い英語で、こう書かれていた。

〈同僚の皆さん。こんな取材に応じる必要などありませんよ。海外の政府機関だって〈ブータン〉外務省を通しているのだから〉

取材依頼と一緒に送った質問では、「学び・稼ぐプログラム」の詳細も尋ねていた。その内容に対し、メールを書いた雇用人材部の担当者がいら立っているのは明らかだった。私によって汚職問題を蒸し返されたくなかったのだろう。

「学び・稼ぐプログラム」をめぐっては2018年1月、政府の「反汚職委員会」による調査が労働人材省に入っていた。当時すでに約500人に上っていた日本への留学生に対し、1人につき70万ニュルタムが貸し付けられた経緯と内訳、BEOが独占する斡旋業務などへの不透明さが指摘されてのことだ。調査の過程で、労働人材大臣が一時休職に追いこまれたほどである。現地事情に詳しい関係者は、汚職事件についてこんな解説をしてくれた。

「大臣にまで賄賂《わいろ》が渡っているかどうかは別にして、労働人材省の一部にはブローカーから金が流れたという噂がある。さもなければ、1社がプロジェクトを独占し、大きな利益を上げることなど考えられない。このスキャンダルは、次期総選挙の争点にもなっているほどの大問題なのです」

18年9月、5年振りに実施される総選挙では、トブゲイ首相率いる与党・国民民主党の劣勢が伝えられていた。政権交代が起きれば、いったん収束した反汚職委員会による調査が再開するかもしれない。そうした事情も影響してか、労働人材省は私からの取材依頼に敏感になっているようなのだ。

デタラメな回答

同省担当者のメールが誤って届いた直後、その内容どおり、アシスタントから「外務省を通して取材の申請をするように」との連絡があった。とはいえ、「学び・稼ぐプログラム」は労働人材省が主導する制度で、外務省とは関係ない。

労働人材省による時間稼ぎとしか思えなかったが、指示に従うしかない。外務省への取材申請メールを準備していると、同じ日の夜に突然、アシスタントから質問への回答が届いた。同省内でどんなやり取りがあったのか知る由もないが、回答は以下の通りである。

――2017年4月に始まった「学び・稼ぐプログラム」はブータン労働人材省の制度なのか。そうでないとすれば、同省はいかに関わっているのか。

「労働人材省はカナダやオーストラリアにも留学生を派遣している。日本で（留学の）機会があるとの情報がもたらされた際、われわれは自国の若者が日本の労働文化や技能に触れ、教育を受ける機会とみなした。

あらゆる経済状況の若者が留学の機会を得られるよう、政府は『海外教育技能向上貸し付けスキーム』を創設し、日本へ行く留学生たちに提供することにした」

――同プログラムを通じて日本に留学したブータン人の数は。

「労働人材省はブータンと日本のエージェントと協力し、2018年6月（実際の送り出しは同年4月が最後＝筆者注）までに735人の若者を送り出してきた」

―― 同プログラムでエージェントを務めるのは、BEOだけなのか。

「BEOは唯一のエージェントではない。（エージェントを挟まず、東京の日本語学校）TIJ東京日本語研修所と共同で、ブータンでITの学位を取得した若者を日本へと送ろうともしている。労働人材省が留学生たちを直接派遣できれば、彼らの費用負担も減らせると考えてのことだ」

―― ブータン労働人材省は現在、TIJ東京日本語研修所と共同で留学生を募集しているが、BEOは関与しているのか。

「労働人材省とTIJが直接やりとりしていて、BEOは関係ない」

そしてBEOが留学生の経費支弁能力に関する書類を捏造した疑いについては、こんな答えが返ってきた。

「『学び・稼ぐプログラム』は（ブータン）政府の支援によって、ブータンの若者の技能と教育を向上させるための制度である。（留学生の）預金残高はブータン王国政府が立ち上げた『海外教育技術向上貸し付けスキーム』が支援している」

BEO経営者のツェワン氏と同じく、肝心の捏造問題には答えを避けている。しかも回答の内容がデタラメだ。預金残高は政府のスキームが支援していると労働人材省は主張するが、政府系銀行から貸し付けられたのは、あくまで当初の留学資金に過ぎない。留学生たちにブータン政府から仕送りがあるわけでもなく、留学後は学費や生活費を自力で稼がなければならない。つまり、彼らは日本側が留学ビザ発給の条件とする経費支弁能力を有していない。そのことを労働人材省として認めたくないのだろう。

同プログラムで来日した735人の留学生のうち、703人はBEOが斡旋した。労働人材省とBEOが一体で進めたことは明白である。しかし回答を見る限り、労働人材省はBEOとの関係を薄く見せたいようでもあった。

BEO抜きで、労働人材省がTIJ東京日本語研修所と進めるという留学生の送り出しは、同省ホームページに募集要項が載っている。TIJに在籍する1年9カ月の間に日本語能力試験「N2」に合格すれば、日本で就職の道が開かれるとある。しかし、N2の難易度については説明がない。また、留学資金は金融機関から借り入れ可能と書いてあるだけで、留学ビザ取得に必要な経済力、日本でのアルバイト事情などについても述べられていない。これではBEOが関与しなくても、さらにプログラムの犠牲者を増やすだけである。

「不幸」を招いた日本政府の責任

経費支弁能力のないブータン人が留学ビザを得ている現状について、ビザを発給する立場の在ブータン日本大使館はどう考えているのか。同大使館に尋ねると、書面で以下のような回答が届いた。

〈ブータンに限らず、留学生が多額の借金をして、その借金を返すために、留学生に対して包括的に認められている週28時間以内の資格外活動許可の範囲を超えてアルバイト等に従事している場合は、憂慮すべき問題です。これが問題になっている国の日本の在外公館では、就労目的で日本に留学しないように政府への働きかけや広報を行っていると承知しております。当館としても、当然のことながら、ブータンからの留学が適正に実施されることが重要であると考えておりますところ、当国からの留学生が急増している現状等を踏まえ、本省とも協議しているところであり、できる限り情報収集に努めると共に、今後ともブータン政府と協議していく考えです。6月に当国を訪問した河野外務大臣は、ドルジ外相との間で、留学生が効果的に本来の留学目的を達成できるよう両国政府で協力することで一致しています。〉

長々としたコメントだが、質問の答えには全くなっていない。前述したように、同大使館は「学び・稼ぐプログラム」の留学生に対し、経費支弁関連の書類を免除していないと言いつつ、実際に書類を提出させ、審査したかどうかについて明言を避けた。書類の提出を求め、きちんと審査していれば、留学生たちが日本で苦しむことにもならなかったのだ。

在外公館が「広報」をやっていると言うが、効果など期待できないことはすでにベトナムなどで証明済みだ。ベトナムを始めとする偽装留学生の送り出し先行国では、現地の若者がブローカーに騙される時代は過ぎ、日本の状況を熟知したうえで、出稼ぎを目的に来日する「確信犯」が増えている。

一方、「学び・稼ぐプログラム」の正当性について、在ブータン日本大使館はこう答えた。

〈一般に、外国の若者が日本に留学して日本語の学習を行い、日本の文化や生活に触れて親日家が醸成されることについては有意義であると考えておりますが、その大前提は、かかる留学が我が国の法令を遵守した上で行われることです。ビザ（査証）の発給については、引き続きこのような考え方に基づき、本人からの申請書その他の書類等により適正に審査を行っていく方針です。〉

「学び・稼ぐプログラム」の是非については触れず、一般論として〈親日家が醸成される〉留学制度を肯定している。しかし現状は、「親日」よりも「反日」の外国人が増える結果を招いている。留学生たちは日本人が嫌がる仕事で酷使され、しかも稼いだ金の多くを日本語学校などに学費として吸い上げられる。そんな生活を続けていれば、自らの境遇を恨み、日本という国自体にも反感を持つようになって当然だ。そうした外国人の若者たちと、私はこれまでどれだけ出会ってきたことか。だからこそ、現状を改めるべきだと訴え続けている。

河野外相はブータン訪問時、1億8300万円の無償支援を約束した。ブータンの若手官僚が日本で学位を取得するための留学に使われるのだという。

その一方で、「学び・稼ぐプログラム」で来日したブータン人には、借金を抱えたまま母国に戻る者が出始めている。翌年分の学費が払えず、帰国を余儀なくされるケースもある。もちろん、借金の返済はブータンに戻った後も続く。同じブータン人でも、現政権下でうまくやっている若者は日本人の税金で日本へ留学でき、その他の留学生は逆に日本で食い物にされてしまう。

本章の前半で紹介したドルジ君も、日本での大学院進学はすでに断念した。職を求めて英語圏のオーストラリアに渡りたがっているが、その術《すべ》は見つかっていない。彼の人生は、日本への留学で大きく狂ってしまった。

ブローカーやブータン労働人材省が何をしようと、日本政府が本来の留学ビザの発給基準を守っていれば、ドルジ君らブータン人留学生たちの不幸も起きなかった。その意味で、在ブータン日本大使館や入管当局の罪は重い。自国の若者に多額の借金を背負わせ、身動きが取れないようにしたうえで日本へ売り飛ばそうとしたブローカーと労働人材省の企みに、日本側は進んで加担したのである。

以上の内容で、私は2018年8月、フォーサイトに寄稿した。それから4カ月後の12月、事態は急展開を始める。きっかけは、ブータン人留学生の「自殺」だった——。

第八章　誰がブータン人留学生を殺したのか

「自殺」

２０１９年１月５日午前７時――。福岡の日の出は東京より30分ほど遅い。曇天も影響し、周囲はまだ薄暗かった。

ＪＲ博多駅から駅１つ隔てた場所にある県営東《ひがし》公園。目の前が福岡県庁という広い公園だが、土曜の夜明け前とあって人気はなく、静まり返っていた。

この公園で、ちょうど１カ月前の12月５日朝、ブータン人青年の遺体が見つかった。福岡市内の日本語学校に在籍していたソナム・トブゲイ君（享年24）である。警察は死因を「自殺」と判断した。

「ソナムが亡くなったのは、この辺りだと思いますよ。ちょうど陰になって、人目につきにくい場所だから」

公園に案内してくれたタンディン君（仮名）が言った。彼はソナム君の友人で、２０１７年10月に一緒に来日し、同じ日本語学校に通っていた。

ソナム君の遺体が発見された場所は、友人たちも知らない。ただ、公園には周囲から見えにくい、松林の一角がある。おそらくそこでソナム君が命を絶ったのではないか、というのがタンディン君らの見方だった。

松林に足を踏み入れると、さらに暗さが増した。振り返ると、「亀山《かめやま》上皇像」のライトアップされた後ろ姿が目に入った。小高い丘の上に立つ6メートルもの大きな銅像は、この公園のシンボルとなっている。

13世紀後半、福岡に元《げん》（モンゴル）軍が襲来した。迎え討つ日本軍は「文永《ぶんえい》の役」、「弘安《こうあん》の役」という二度の元寇《げんこう》で苦戦を強いられたが、そのたび暴風雨によって救われた。後に伝説となる「神風」が吹いたのだ。その元寇時、「我が身をもって国難に代わらん」と伊勢《いせ》神宮に祈願した亀山上皇の故事を記念し、１９０４年に銅像が建てられた。中国を挟み、モンゴルの真南にあるブータンから日本にやってきたソナム君も、最期のとき、この銅像を見ていたのだろうか。

実は、ソナム君の友人やブータンの家族らの間には、警察が断定した「自殺」を疑う声がある。何者かに公園へ連れ出され、殺されたのではないかというのだ。

ソナム君の死が自殺なのか他殺なのかはわからない。だが、彼の「自殺」はブータン・メディアで大きく報じられた。その反響は大きかった。それまで伏せられていた日本への留学制度「学び・稼ぐプログラム」の実態が、次々と明らかになっていったのだ。

まず、日本で夢破れ母国へ帰国した留学生と親たちで結成された団体の活動が勢いを増した。2018年11月に就任したロテ・ツェリン首相も、留学生たちの救済に乗り出すことを表明した。そして政府の反汚職委員会はいったん中断した調査を再開し、プログラムを主導した労働人材省やブローカーを非難する報告書が出された。こうして事態が急展開したきっかけが、ソナム君の「自殺」なのである。

ブータン有力紙からの不可解な連絡

私がブータン人留学生問題についてニュースサイト「フォーサイト」に寄稿したのは、2018年8月27日と28日だった。計6本の連載だったが、その全文は日本でブータン人留学生を支援する関係者が英訳し、9月7日にネット上で公開された。それからソナム君の「自殺」までの流れを振り返っておこう。

英訳はフェイスブック等を通じ、ブータン国内でかなり拡散したようだ。2日後の9月9日には元留学生と親たちの団体がつくられた。そして同日夜、ブータンの有力紙「クエンセル」の記者から私のもとにメールが届いた。拙稿を「参考に記事を発表したい」という申し出だった。

参考にする程度なら、出典先さえ明示すれば済む。わざわざ執筆者の許可など得る必要はないはずだ。違和感を覚えながらも快諾のメールを送ると、「編集部で記事の方向を検討する」との返事があった。しかし、それ以降、同紙からの連絡は途絶えた。結局、留学生問題に関する記事も発表されなかった。

違和感が確信に変わったのは、約2週間後の9月25日、同紙電子版に載った1本の記事を見たときだった。〈ブータン人留学生が日本で入院〉と題された記事には、私が連載で批判した留学斡旋《あっせん》ブローカー「ブータン・エンプロイメント・オーバーシーズ」（BEO）や労働人材省の幹部が〝善玉〟として取り上げられていた。

その記事は、結核髄膜炎を発症し、9月中旬から福岡市内の病院に入院していた女子留学生（26歳）に関するものだ。記事が出た頃、すでに彼女は昏睡《こんすい》状態に陥っていた。

「学び・稼ぐプログラム」の留学生たちには、政府系金融機関から70万ニュルタム（約112万円）の借り入れがある。その返済に加え、留学生たちは翌年分の学費も貯めなければならず、アルバイト漬けの生活となる。仕事は決まって肉体労働で、徹夜で働くケースも多い。女子留学生と同じ日本語学校に通うブータン人によれば、彼女も「弁当やパンの工場などで3つの仕事をかけ持ちして働いていた」という。そうした過酷な生活が、病を発症する原因となった可能性もある。

しかし、記事は彼女が日本で強いられた生活には全く触れていない。それどころか、悲劇が

「美談」に仕立てられていた。まず、ＢＥＯ経営者のジュルミ・ツェワン氏が女子留学生の弟と一緒にブータンから病院に駆けつけたことを紹介し、彼のこんなコメントを載せている。「できり限りの治療が患者（女子留学生）になされています。病院はとりわけ結核治療で福岡市内でも権威があるんです」

記事は、在日ブータン人留学生たちから14万１０００ニュルタム（約23万円）の募金があったことを報じている。そしてＢＥＯが女子留学生のため多額の支援をしたと強調し、同社が弟を日本に連れてくる際に旅費や滞在費で負担した「38万４０００ニュルタム（約61万円）」という具体的な金額まで記していた。また、労働人材省で「学び・稼ぐプログラム」を統括したシェラブ・テンジン雇用人材部長が登場し、こう述べる。「労働人材省は彼女の兄も日本へ送るよう計画している。入院を知るとすぐに、われわれは彼女を助けるために精いっぱい動きました」

さらには、同部長の言葉で、プログラムの弁護まで展開する。

〈彼（テンジン部長）は、プログラムが詐欺だというのは全くの誤解であって、若者（の失業問題）に関与することが目的なのだと述べる。留学生たちが日本で直面する困難は語学（日本語）のせいであって、「その他の点では、オーストラリアを始め他国で働き、勉強している（ブータン人）留学生たちと何ら変わらない」と言う。〉

しかし、プログラムによる日本への留学生送り出しは、２０１７年４月の開始からわずか１

年で中止に追い込まれた。それは労働人材省に対する汚職疑惑が影響してのことなのである。

そんな話には記事はひとことも触れていない。

テンジン部長には、私も8月の記事を書いた際に取材していた。クエンセルの取材でわざわざ「詐欺」を否定したのは、ブータン国内で拡散された私の記事を意識してのことかもしれない。

ブータン国内では、同紙は政府べったりの報道で知られる。元国営の新聞社で、現在も政府との関係が極めて強いため、批判的な記事が載りにくい。だから留学生の悲劇までも「美談」として取り上げ、労働人材省を擁護しようとした。私に連絡を取ってきたのも、単に私の存在を確認したかっただけで、当初から拙稿を参考に記事をつくる気などなかったのだろう。

留学制度の失敗が招いた「政権交代」

実は、この頃からBEOや労働人材省は追い込まれ始めていた。彼らの後ろ盾となってプログラムを進めていたツェリン・トブゲイ首相の国民民主党が9月15日の国民議会下院予備選で敗退し、政権を失うことが確実となっていたのだ。

ブータン総選挙では、下院予備選で上位を占めた2党が本選に進み、政権与党が決まる。その予備選で、国民民主党は第3位に留《とど》まった。

2013年に政権に就いた際、公約に掲げた若者の失業対策、また海外への労働者送り出しも進んでいなかった。国民民主党が下院予備選で得たのは約8万票で、2位の政党とは1万票程度の差しかなかった。「学び・稼ぐプログラム」を含め、失業対策の失敗が政権を失うことにつながったのだ。

その後、10月18日の下院本選で勝利したのは、地域医療に尽くした医師として人気の高いロテ・ツェリン氏の野党・協同党だった。同党が政権を握るのは初めてのことで、ロテ・ツェリン氏の政治家としての力量も未知数だった。事実、翌11月にロテ・ツェリン政権が発足した後も、しばらくはプログラムに関する動きはなかった。そしてブータン・メディアでも、昏睡状態に陥った福岡の女子留学生の話が報じられて以降、留学生を取り上げた記事は全く見られなくなった。事態が急激に動き始めるのは、ソナム君の「自殺」からである。

彼の死をきっかけにして、ブータン・メディアの報道が一気に変わった。日本にいる留学生に関する報道が堰《せき》を切ったように増えたのだ。それに伴い、「学び・稼ぐプログラム」の問題点を指摘する声も高まっていく。

まず、ブータン国内でも留学生の肉声が次第に伝わるようになってきた。たとえば、彼の遺体が見つかった3日後の2018年12月8日、現地紙「ブータニーズ」は〈ブータン人留学生の日本での死が喚起する疑問〉というタイトルの記事を掲載し、日本から帰国した女子留学生への取材によってこう報じている。

〈彼女によれば、1つのアルバイトで借金まで返済するのは不可能だという。日本では留学生が28時間を超えて働くのは違法だが、ブータン人留学生たちは最低でも週42時間は働いている。彼女は「借金の返済と学費の支払いのため、最低でも2つのアルバイトが必要です」と述べ、なかには3つの仕事をかけ持ちする者までいると認めた。〉

前述のクエンセルとは異なり、ブータニーズはブータンでは珍しく独立色ある新聞だが、現地紙が「学び・稼ぐプログラム」の実態を真正面から取り上げた初めての記事である。ただし、同紙に証言した女子学生も、実名を明かしていない。すでにブータンに帰国しているというのにだ。

留学生たちはBEO、そして背後にいる労働人材省の存在を極端に恐れている。日本人にはなかなか理解し難い感覚だが、ブータン人たちを取材していると次第に気持ちがわかってくる。

フォーサイトで記事を発表した以降も、私は数人のブータン人留学生と連絡を取り続けていた。彼らは依然、身元がバレることを恐れていた。同じように取材に協力してくれる留学生たちであっても、一緒に会うことはできない。BEOからの「奨学金」と引き換えに同社の「スパイ」となり、他の留学生たちを監視する者が紛れていると、彼らは本気で信じていた。そして母国メディアも信用していない。留学生たちがいち早く私に本音を語ってくれたのは、私が日本人で、しかも彼らが全面的に信頼する仲介者がいたからなのだ。

一方、ブータンでは、帰国した留学生と親たちの団体が声を上げ始め、その動きをメディアも取り上げた。そうした世論の高まりに押されるかたちで、前政権下で中断した反汚職委員会による調査も再開し、報告書が出されることになった。

報告書はまず、インドへの労働者派遣に絡み、ブローカーから前労働人材大臣と同省のテンジン部長に不正な利益供与があったことを指摘する。そのうえで「学び・稼ぐプログラム」に踏み込み、テンジン部長が正当な手続きを経ず、ＢＥＯに人材送り出しライセンスの交付手続きを進めていたとして、同社の免許取り消しを求めた。また、留学生たちがＢＥＯへの不満を訴えていたにもかかわらず、無視し続けたことも批判する。同部長とＢＥＯの癒着を示唆しているわけだ。

報告書では、ＢＥＯも強く非難された。同社が留学ビザの「取得費」や「翻訳料」といった名目で、留学生から違法な手数料の徴収をしていたとし、一部費用を留学生に返還するよう求めた。この報告書をもとにして、日本の検察に当たるブータン法務総裁事務局（ＯＡＧ）が訴訟を起こすかどうか判断を下す。

ただし、元留学生と親でつくる団体は、反汚職委員会の調査結果に満足していない。さらにＢＥＯの責任を追及するため、集団訴訟を起こす構えも見せている。集団訴訟が実現すれば、ブータンでは初めてのケースとなる。

「ブータン」だけで大問題となった理由

それにしても、なぜこれほどまでブータンで日本への留学制度が大問題となったのか。多額の借金を背負い入国する留学生は、ブータン人に限った話ではない。そしてブータン以外の国では、全く問題となっていないのだ。

ブータンで問題が噴出した理由は3つある。まず、プログラムを進めたBEOと労働人材省が、自国の若者を欺き、日本へと導いていたことだ。留学生たちは日本語学校を卒業すれば、日本で大学院への進学や就職ができると信じ、プログラムに応募した。前章でも触れたように、BEOは2通の契約書を用意するといった卑怯《ひきょう》な手段を用いてもいた。

2つ目の理由が、「学び・稼ぐプログラム」の特殊性である。日本への留学制度を政府主導で進めたのはブータンだけだ。また、留学生の送り出しを1社のブローカーが実質独占するようなシステムは他国では見られない。政府の存在があったため、留学生たちはBEO、そしてプログラムの内容を信じた。

そして3つ目として、ブータン人たちが〝真っ当な〟留学生であることも、制度への批判が出る大きな理由だ。ベトナムなどの偽装留学生の場合、日本で待ち受ける生活の実態を知ったうえで、留学を装い来日する。しかしブータン人の場合は、借金こそ背負っていても勉強が目的の者が多い。しかもアルバイト漬けとなる生活について、十分な情報も与えられず来日した。だからなお、「騙《だま》された」との思いを募らせる。

さらにいえば、ブータン人留学生には、日本で頼れる同胞がいない。留学ブームが起きて数年が経つベトナム人などは、数多くの同胞が日本で暮らしているため、アルバイトなどを見つけるネットワークもできている。それがブータン人の場合は、ブローカー以外に頼る存在がない。そのブローカーが、彼らを日本でも食い物にしているのだ。

留学生たちは私に対し、揃ってこう証言していた。

「ＢＥＯは（同社と提携する日本のエージェント）ＳＮＤと日本語学校が、それぞれすぐにアルバイトを見つけると説明した。アルバイトをかけ持ちすれば、法律に違反して週28時間以上働いても大丈夫だとも言っていた。だけど、すべて嘘だった」

「週28時間以内」を超える違法就労が可能だと説明した事実に関し、ＢＥＯは否定している。私が「取材した留学生たちが嘘をついている」というのだ。果たしてそうなのだろうか。そもそも法定上限内のアルバイトでは、借金を返済し、翌年の学費まで貯めることは不可能なのである。

２０１７年10月に来日し、東京近郊の日本語学校に通うマヤさん（仮名）も、当初から心配はアルバイトのことだった。留学生には来日直後から、母国で背負った借金を毎月１万４０００ニュルタム（約２万２０００円）ずつ返済していかなければならない。アルバイトが見つかるかどうかは大問題だ。

マヤさんの場合、当初の１カ月の収入は２万円にも満たなかった。ＳＮＤから紹介された人材派遣業者を介し、弁当工場でアルバイトを始めたが、仕事は工場に欠員が出たときにしかなかったからだ。

「でも、私はまだマシな方です。同じ日本語学校のブータン人には、2カ月以上もアルバイトを紹介してもらえなかった者もいる」

その後、マヤさんは工場で知り合ったネパール人の紹介で、別の弁当工場でアルバイトを見つけた。日本語学校で午前の授業を終えた後、午後から夜10時頃まで週4日勤務する。しかし、それだけでは十分な収入が得られず、残りの3日は同じ時間、宅配便の仕分け現場で働いている。寮に帰宅するのは真夜中近い。長時間の肉体労働で疲れ果て、日本語を勉強する時間は取れない。

「ブータン人留学生は皆、2つ以上のアルバイトをやっています。法律違反だとはわかっています。でも、そうしないと借金の返済や学費の支払いができないのです」

実態のわからないブローカーと不明瞭な金の流れ

BEOと密接な関係にあるSNDについては、「学び・稼ぐプログラム」を再調査したブータンの反汚職委員会も名指しで問題にしている。

同委員会の調査結果を報じた現地紙「ブータニーズ」(2018年12月29日電子版)によれば、〈BEOの海外提携先であるライト・パス社やSNDは労働人材省の認可を受けていない〉というのだ。「ライト・パス社」とは、BEOが留学生と交わした2通の契約書のうち、1通目で日本側の代理人とされていた会社である。だが、この会社については、インターネットで検索しても名前は全く出てこない。

そして2通目の契約書では、ライト・パス社に代わってSNDが日本側代理人として登場する。その点についても反汚職委員会は、〈BEOは法律に則《のっと》った適正な手続きを踏まず、提携先をライト・パス社からSNDへと変更した。〉(「ブータニーズ」同記事)と問題視している。

SNDとは、いったいどんな会社なのか。私はBEOに取材した際、SNDの連絡先を尋ねたが、教えてはもらえなかった。18年8月時点では、ネットで検索しても「SND」の名前は見つからなかった。

しかし12月に再び検索してみると、「一般社団法人SND」という団体のホームページが見つかった。ブータン人留学生たちから、SNDは福島県に本拠地があって、少なくとも日本人とブータン人の計2人のスタッフがいるとの情報も入っていた。ホームページに載ったSNDの所在地や業務内容、そして代表者の氏名も、留学生たちからの情報と符合する。この法人が、BEOの代理人を務めるSNDに間違いなさそうだった。

私の取材源には、SNDの所在地を訪ねたブータン人留学生もいた。留学生によれば、そこには代表者の自宅があって、家族が住んでいたという。そして確かに「一般社団法人SND」の表札が掲げてあった。

ブータン人留学生を受け入れた日本語学校の経営者には、留学生1人当たり「14万5000円」をSNDに支払ったと、具体的な金額まで証言する者もいた。同額の「手数料」で700人以上のブータン人留学生を日本語学校に斡旋していれば、SNDには1億円を超す収入があったことになる。

SNDのホームページには連絡先も載っていた。そこで同法人の代表理事を務める遠藤峰盛《えんどうみねもり》氏に取材を申し込んでみた。以下の質問を送ってのことである。

(1)SNDはBEO日本側代理人なのか。
(2)設立年月日と常勤スタッフ数。
(3)ブータン人留学生以外への支援の有無と具体的な内容。
(4)来日後すぐSNDがアルバイトを紹介するとBEOから聞かされながら、実際には紹介されなかった留学生が多数いる。SNDにアルバイト料の25％を差し引かれたという証言もあるが、見解を聞かせてもらいたい。
(5)日本語学校から留学生1人につき「14万5000円」の支払いがあったのか。その名目、他校からの支払いの有無。
(6)遠藤氏は2018年4月にあったブータン首相と留学生の懇談会に出席していたのか。

遠藤氏からはまず、以下の回答があった。

〈紹介したアルバイト先からお金をもらった事実はありません。また他の回答につきまして弁

護士と相談致します。〉

留学生は人材派遣会社経由でアルバイトを紹介されている。アルバイト先から直接、ＳＮＤに金が入るわけではない。だが、派遣会社からＳＮＤに「紹介料」が渡された可能性は残る。事実、ＳＮＤを通さずアルバイトを見つけた留学生には、ブータン人スタッフから非難を受け、「今後は何があってもサポートしない」と脅された者もいる。

その後、遠藤氏は、他の質問への回答を拒否すると告げてきた。弁護士と相談したなら何らかの回答があるのが普通だが、まともに答えられないと判断したのだろう。

国税庁のデータベースで確認すると、ＳＮＤの設立は「２０１７年6月26日」となっている。「学び・稼ぐプログラム」が始まった2カ月後で、ブータン人留学生の受け入れに合わせて設立した可能性が高い。留学生らによれば、ＳＮＤにいたブータン人スタッフはソナム君の死後、ブータンでプログラムが問題となった後に帰国し、現在は遠藤氏のみが動いているという。(5)の質問にも答えていないことから、やはり日本語学校からＳＮＤに「手数料」の支払いはあったと思われる。

ＳＮＤとは「Support for New Departure」の略なのだという。ホームページに掲載された挨拶《あいさつ》で、遠藤氏は「留学生の可能性をサポートします」と宣言している。しかし、留学生から聞こえてくるのは、彼らの間で「エンドウセンセイ」と呼ばれる遠藤氏とＳＮＤに対する非難ばかりだ。留学生たちは日本語が不自由で、日本で頼れる先もない。そんな彼らにＳＮＤは

「サポート」と称してつけ込み、様々なかたちでビジネスの種にしようとしていたのではないか。

ＳＮＤのように組織形態や名称で公益性を前面に押し出し、やっていることは単にブローカーと変わらない業者は、留学生関連のビジネスには極めて多い。設立が簡単な「一般社団法人」の看板を掲げるのもありがちだ。日本語学校からＳＮＤへの支払いについて断言は避けるが、留学生ビジネスでは不明瞭《ふめいりょう》な金の流れも目立つ。金の出所はすべて留学生の借金で、彼らを食い物にしてのことである。

⑹の質問は、前章の冒頭で書いた懇談会の会場外で、私につきまとった男性の正体を確認するため尋ねた。懇談会の参加者からは、会にいた日本人男性は遠藤氏のみだったと聞いた。私の行動を監視し続け、冷たい視線を送っていたのも恐らく遠藤氏だったのだろう。

強制送還になった女子留学生

２０１８年以降、法務省入管当局は留学生の違法就労に対する監視を強めつつある。出稼ぎ目的の偽装留学生が、あまりにも増えたからである。そんななか、１人のブータン人女子留学生が槍玉《やりだま》に挙げられた。「週28時間以内」を超える就労が入管当局に見つかってしまったのだ。日本語学校の留学生は在籍中、ビザ更新の必要が生じるケースが多い。その際、申請先となる入管当局が女子留学生の違法就労を突き止め、ビザの更新を拒んだ。

入管が本腰を入れて違法就労を取り締まれば、約32万人の留学生のうち過半数は日本にいられなくなるだろう。それほどアルバイトをかけ持ちしている留学生は多いのだ。しかし、入管もそこまでやる気はなく、あくまで「見せしめ」で取り締まる。その意味で、女子留学生は不幸だった。

彼女は来日時に取得したビザで、2019年1月まで在留が可能だった。女子留学生の友人によれば、入管当局も期限いっぱいまで日本に留まることを認めたという。たとえ残りの2カ月程度でもアルバイトを続ければ、借金の返済は進んだ。しかし、日本語学校が許さず、ブータンへと送り返してしまった。無理やり空港まで連れていってのことである。第四章でも取り上げたが、こうした留学生の強制送還は、日本語学校で当たり前のように横行している。

友人の話では、彼女にはまだ50万ニュルタム（約80万円）程度の借金が残っているという。

「彼女は大卒ではありません。ブータンで運良く仕事が見つかっても、月収は1万5000ニュルタム（約2万4000円）程度でしょう。借金など返せるはずもない」

私は彼女の連絡先を入手し、フェイスブック経由でメッセージを送ってみた。母国メディアの取材は一切断っていると聞いていたが、日本人の私にならインタビューに応じてくれるかと期待した。すると彼女から、以下のような返事が届いた。

〈申し訳ないのですが、今の段階では何もお話できません。メディアに情報が漏れれば、すべて私が話したと疑われます。多くの人は私が悪いことをしたと考えています。でも、私は完全に被害者なのです。時が来れば、お話したいと思います。どうか私の心情を理解してくださ

い。〉

短い文面から、日本で負った深い傷の痛みが感じられた。ブローカーの甘言を信じ、日本に留学していなければ、彼女の人生が台無しになることもなかったのだ。

ある日本語学校では、数十人のブータン人が19年1月にビザが失効するが、誰も更新できていない。この学校では、ブータン人留学生をめぐって様々な問題が起きていた。そこで厄介払いをしようと、学校の在日中国人経営者が入管に違法就労をタレ込んだのだ。更新が認められなければ、彼らも3月を待たずブータンへ帰国するしかない。

他にも日本語学校を舞台に様々なことが起きている。千葉県内の日本語学校に通うブータン人留学生の1人に就職先が見つかった。人材派遣業者を通じて応募したリゾート系の会社が、正社員としての採用を希望したのだ。ブータンの「大卒」という学歴のおかげで、専門職向けの在留資格「技術・人文知識・国際業務」（技人国ビザ）も取得できる見通しとなった。人派遣業者によっては留学生から斡旋料を取るケースもあるが、この業者に限っては就職先の企業からしか手数料を徴収していない。留学生にとっては幸運な状況である。

だが、会社が技人国ビザの申請をしようとした際、問題が立ちはだかった。申請時に必要となるパスポートと在留カードを日本語学校が没収していたのだ。留学生が学費を滞納していたからである。

パスポートの取り上げ問題については第三章でも書いた通り、全国各地の日本語学校で起きている。違法就労を入管にタレ込んだ在日中国人経営の日本語学校でも、多くのブータン人留学生のパスポートが没収されたままだ。留学生の失踪《しっそう》防止に加え、学費を取りはぐれないためである。

この留学生の場合、就職先となる会社の経営者らが日本語学校と交渉し、何とか手元に戻った。しかし、ブータン人留学生の受け入れ先には、問題のある日本語学校があまりに多い。

「就職」をエサに金を巻き上げる人材派遣業者

「学び・稼ぐプログラム」で来日した735人のブータン人留学生のうち、100人近くは日本語学校の卒業を待たず帰国したと見られる。徹夜のアルバイトに追われ、身体を壊したり、精神的に追い込まれて日本を離れた者も少なくない。借金返済の問題は残っても、日本での生活に耐えられなくなったのだ。

一方、日本に残った留学生の大半が、2019年3月に日本語学校を終え、それぞれの道に進むことになる。問題は彼らの進路である。

進学や就職には日本語能力試験「N2」合格が目安となる。ある日本語学校には約30人のブータン人が在籍しているが、N2はおろか、その下のN3合格者すら1人もいない。他にも複数の学校に在籍するブータン人に確認したが、N3に合格した者がやっと1～2人いる程度に過ぎない。

決してブータン人留学生たちの能力が低いわけではない。むしろ他国の偽装留学生より学歴があって、学習意欲も高い。しかし、アルバイト漬けの生活に疲れ果て、日本語の勉強が進んでいない。

もちろん、学費さえ払えば入学できる専門学校はいくらでもある。専門学校に進めば借金返済のアルバイトは続けられるが、学費の負担も生じる。就職するにせよ、やはり語学力がネックとなる。海外の「大卒」というだけでリゾート会社に就職できたブータン人留学生は、かなり幸運なケースなのである。

就職のための〝裏道〟もないわけではない。就職斡旋ブローカーに手数料を払えば、「技人国ビザ」を〝買う〟こともできる。

すでにブローカーからの誘いも届いている。ブローカーの正体は、BEOやSNDと提携関係にあるとみられる日本の人材派遣業者だ。留学生の多くが、業者から「35万〜40万円で技人国ビザを取得できる」と持ちかけられている。なかには業者に「6万円」の前金を払ったがビザを取得できず、前金だけ没収された者もいる。留学生の苦境につけ込み、さらに彼らを食い物にしようとする輩《やから》が暗躍している。

BEOのブータン人幹部も来日し、留学生を訪ねて全国各地の日本語学校を回っている。目的は「進路指導」だが、2018年12月に起きたソナム・トブゲイ君の「自殺」以降、留学生たちから噴出し始めた同社への不満を鎮める狙いもあったようだ。

それを裏付ける資料が、留学生の1人から私に届いた。留学生たちを前に、BEO幹部が語った内容の録音である。留学生がスマートフォンで密《ひそ》かに録音したもので、幹部が訛《なま》りの強い英語で30分程度にわたりまくし立てている。その間、留学生たちは声も上げず、静かに聞き入るだけだ。

録音音声の冒頭は、ソナム君の話で始まる。彼の自殺未遂の過去、アルコール依存症、アルバイト先でネパール人を殴っていたことなどが容赦なく語られる。つまり、ソナム君が亡くなったのは彼個人の資質や行動などが原因で、プログラムのせいではないと訴えているのだ。続いて幹部は、福岡の病院で昏睡状態が続いている女子留学生へと話題を移す。そして彼女に回復の見込みはないが、懸命の看護がなされていると強調する。そしてこう述べるのだ。

「ブータンではBEOへの非難が噴出している。私自身に対する個人攻撃も激しい。私の子どもたちにはフェイスブックやウィーチャット（SNS）は見るなと言っている。皆さんも惑わされず、日本での生活に集中してもらいたい」

日本に来ていなければ、ソナム君が亡くなることもなかった。女子留学生の不幸も起きていなかっただろう。そんなことに対する謝罪の言葉は一切ない。それどころか、ソナム君まで誹《ひ》謗《ぼう》する。ソナム君の家族によれば、彼に自殺未遂の過去などないのだという。録音データを提供してくれたタシさん（仮名）が、やり場のない怒りをぶちまけた。

「BEOは自分たちの責任逃れをしたいだけなのです。アルバイト、日本語習得の難しさ、進学、就職……彼らが言っていたことは嘘ばかりだった。それなのにＢＥＯは、自分たち以外には留学生を助けられる者はいない、と言ってくる。私たちに大人しくするよう洗脳しているんです」

ソナム君や女子留学生についてしゃべった後、幹部の話は進路指導へと移る。そして留学生たちに対し、実習生として再来日するよう提案がなされる。とりわけ介護の仕事を熱心に勧め、「１日８時間労働、週休２日で月収は19万円。長期休暇の際にはブータンに里帰りもできる」といった具体的な話まで展開する。タシさんが続ける。

「私たちは日本語学校を終えれば、進学や就職ができるとＢＥＯから聞いて日本にやってきたのです。今さら実習生になって介護の仕事をしたらどうかなんて、本当に許せません」

意味不明な「オリエンテーション」

本来であれば、日本政府はブータン新政権と連携し、留学生たちの救済に乗り出すべきところだ。留学生に多額の借金を背負わせる「学び・稼ぐプログラム」の破綻《はたん》は、当初から想定できた。にもかかわらず、留学ビザを発給し、留学生たちを追い込んだ責任は小さくない。しかし、政府は彼らを助ける気はなさそうだ。そんな冷淡な態度を象徴する出来事が年末にもあった。

２０１８年12月14日午後、東京・代々木《よよぎ》の国立オリンピック記念青少年総合センターにおいて、ブータン人留学生に対するオリエンテーションが外務省の主催で開かれた。マスコミには非公開での会である。

出席者によれば、集まった留学生は60人程度だったという。ブータン人留学生全体のわずか10分の1程度だ。

外務省南西アジア課は、「ブータン人留学生への案内は、ブータン政府と連携した上で、ブータン人が所属する日本語教育機関を通じて行った」と言う。しかし、留学生は全国の日本語学校に散らばっている。首都圏の学校に在籍する留学生でも、私の取材先でオリエンテーションの開催を知っていた者は1人もいなかった。そもそも会があったのは金曜の午後である。大半の留学生は日本語学校の授業か、アルバイトに励んでいる。

会では、留学生関連団体の担当者が次々と登壇した。日本語学校を統括する一般財団法人「日本語教育振興協会」からは、在留カードやパスポートを他人に貸し出さないよう注意があったという。独立行政法人「日本学生支援機構」は、困り事があれば相談に乗るとの申し出があった。一般社団法人「日本国際化推進協会」は、就職のために求められる日本語レベルの説明をしたようだ。その後、ブータン人留学生が謝意を表すスピーチをして、会はお開きとなった。参加者によれば、スピーチに立った留学生たちは皆、BEOから「奨学金」を得るなどして、同社と特別な関係にある者ばかりだったという。

オリエンテーションの意図とは、いったい何だったのか。出席者の話を聞く限り、外務省や関連団体の自己満足以外の何物でもない。同省南西アジア課に開催の趣旨を問うてみたが、戻ってきた回答に説明はひとこともなかった。

外務省はベトナムなどで最近、留学を斡旋する「悪徳ブローカー」に騙されないよう呼びかけるセミナーを時々開いているようだ。しかし、呼びかけるといっても、そんなセミナーに留学希望者は参加などしない。そもそもベトナムなどの留学ブーム先行国では、ブローカーに騙されて留学する時代はとうに過ぎている。つまり、セミナーにはほとんど意味がないのである。そして今回のオリエンテーションにしろ、私には外務省の「言い訳」だとしか思えない。

外務省は、ブータン人留学生の苦境を十分にわかっているはずだ。オリエンテーションの約10日前に福岡で「自殺」したソナム・トブゲイ君、昏睡状態が続く女子留学生の情報も入っている。だが、彼らへの言及もオリエンテーションでは全くなかった。

この頃、ブータンでは「学び・稼ぐプログラム」が大問題となっていた。そもそもプログラムの中断理由について、外務省はいかに把握しているのか。その点について尋ねると、南西アジア課から以下の素っ気ない回答が返ってきた。

〈ブータン政府は、「Learn and Earn Program」を終了させる方向で検討していると承知している。〉

そしてもう1つ、こんな質問を投げかけてみた。

――ブータン国内では、留学生たちに多額の借入金を背負わせることになった同プログラムへの非難が高まっているようです。11月に就任したロテ・ツェリン首相も先日、現地で地元記者たちに対し、借入金の金利減免を講じる可能性について表明しました。同プログラムが再開される見通しもありません。経費支弁能力を有さないブータン人留学希望者に対し、査証〈留学ビザ〉発給を認めた在ブータン日本大使館、また貴省の責任についてご見解をお聞かせください。

外務省南西アジア課の答えはこうである。

〈留学希望者からの査証申請については、法務省入国管理局が経費支弁能力を審査した上で交付する在留資格認定証明書等に基づき適正に審査している。〉

ブータン人留学生にビザを発給したのは、一義的には入管当局の責任だと言いたいようだ。しかし、入管が在留資格認定証明書を出しても、在外公館にはビザ発給を拒否する権限がある。それがなされていれば、留学生たちの不幸も防げたのである。

外務省の罪

私のもとには、在ブータン日本大使館関係者がブータン政府に対し、留学生を実習生として再入国させる提案をしたとの情報が届いている。外務省には敢えて確認しなかったが、ロテ・ツェリン首相の最近の発言とも辻褄《つじつま》が合う。外務省のオリエンテーションが開かれたのと同じ12月14日、同首相はブータンで地元記者たちにこう発言している。

「(「学び・稼ぐプログラム」よりも)実習制度はずっと良いプログラムだ。プロフェッショナルなもので、より高い賃金も得られる。留学生たちを実習制度に移行できれば、もっと稼げ、労働環境も改善する。その点について、われわれは日本の(在ブータン)大使とも協議した」

ロテ・ツェリン首相の言葉は、日本側からの提案を受けてのことだろう。批判の相次ぐ実習制度を「プロフェッショナル」と評価させるなど、大使は見事に役割を果たしたようだ。

こうしたブータン政府の姿勢を見て、BEO幹部が日本語学校を回り、実習生として再来日するよう説いている。留学生を実習生に転身させ、さらに稼ごうとしているのだ。

外務省は、留学生たちを実習生として受け入れ直せば、彼らが救われると考えているのかもしれない。留学生たちには借金返済のため就労する機会が提供され、日本にとっては人手不足の解消にもつながる。いっけん都合のよい解決策のように映る。しかし留学生は、もともと大学院進学やホワイトカラーの就職を希望して来日した。進学や就職は無理だから実習生として働けというのは、若い彼らの気持ちを無視した論理である。

在ブータン日本大使館は私の取材に対し、留学生受け入れの目的は「親日家」の醸成だと答えていた。しかし、こんなことをやっていて、ブータン人が「親日家」になると考えているのだろうか。

ブータンでは、「学び・稼ぐプログラム」を進めた労働人材省やBEOの罪が明らかになりつつある。近い将来、ブータンの司法が判断を下すことだろう。一方、プログラムにお墨付きを与え、留学生たちを日本へと招き入れた日本側の責任は全く問われない。

「ブータン人留学生たちは皆、日本での生活に疲れ果てています。僕の周りでは、半数くらいの留学生が日本語学校の卒業後、ブータンへの帰国を望んでいる」

留学生のまとめ役を務めるブータン人青年はそう話した。彼らを「留学生」や「労働者」として都合よく利用した末、このまま帰国させてよいのだろうか。

河野太郎外相が２０１８年６月にブータンを訪問した際、１億８３００万円の無償支援を約束したことは前章でも述べた。その一部でも日本で行き場を失った留学生たちの支援に回せないものなのか。ロテ・ツェリン首相も19年1月４日、留学生の借金返済を猶予する可能性について言及した。近日中に労働人材大臣を含むブータン政府の調査団が来日し、「学び・稼ぐプログラム」の実態を調査する計画もある。両国政府が連携すれば、留学生を助けられる道も開ける。

それは日本にとっての利益にもつながる。借金返済の負担なく、1年でも日本語の習得に専念すれば、進学や就職に十分な日本語を習得する留学生が必ず現れる。彼らは英語にも堪能《たんのう》だ。日本が実習生という単純労働者ではなく、政府が求める高度人材としての活躍も期待できる。日本が率先してセカンドチャンスを与えることができれば、留学生のみならずブータン政府も歓迎するに違いない。

ブータンは人口約80万という小国だ。とはいえ、日本にとっては大切な友好国でもある。両国間の将来のためにも、政府には是非、留学生たちの救済に乗り出してもらいたい。

「日本にやってくる外国人に、この国を好きになってもらいたい」

そんな発言が最近、政治家を含め、多くの有識者から頻繁に聞かれる。２０１９年から拡大する外国人労働者の受け入れを意識しての言葉である。

だが、外国人の受け入れ制度には、彼らが「親日」となる環境が本当に整っているのだろうか。「人手不足」のもと、日本側の自己都合ばかりが優先されてはいないのか。日本で途方に暮れるブータン人留学生たちの姿は、「留学生30万人計画」の負の実態を象徴している。

本当に「自殺」なのか

ソナム君が24年という短い人生の最後の１年余りを過ごした福岡市――。彼が暮らしていたアパートは、「自殺」の現場となった県営東公園の脇にある。

小さなアパートや民家が隙間なく建ち並ぶ一角だ。彼のアパートも２階建てで、それぞれの階に狭い部屋が２つだけという物件である。友人によれば、もともとブータン人留学生３人でシェアしていたが、亡くなる頃には１人で住んでいたのだという。

このアパートを12月４日夜、ソナム君の友人が訪ね、留守の部屋に残されていた「遺書」を見つけた。そこにはボールペンの赤い文字でこう書かれていた。

「I quit! I request you guys to help my daughter.（止める！　娘のことをよろしく頼む）」

ソナム君には、離婚した妻との間に幼い娘がいる。

しばらく前、彼はアルバイト先の弁当工場をクビになっていた。ネパール人の同僚とトラブルになり、相手を殴ってしまったからだった。この一件があった後、彼は日本語学校も休みがちになった。そして12月5日、遺体で発見される。

ソナム君にも多額の借金が残っていた。日本での生活に行き詰まり、彼は人生を悲観して自ら命を絶ったのだろうか。

東公園に私を案内してくれたタンディン君は、ソナム君とは飲み仲間だった。

「あまり自分のことをベラベラとしゃべるタイプじゃなかった。ブータンで離婚していて、娘がいるということも聞いていませんでした」

タンディン君が最後にソナム君を見たのは、「自殺」の1週間ほど前だったという。体格の良かったソナム君が、ずいぶん痩《や》せていたのが気になった。

ソナム君の死は、警察から日本語学校にもすぐに伝わった。学校のクラスでは、留学生たちへも報告された。その瞬間、教室には同胞の女子留学生の悲鳴がこだましたという。

タンディン君は日本語学校から報告がある前に、ＳＮＳを通じてソナム君の「自殺」について情報を得ていた。

「最初は、自殺と聞き驚きました。でも、それまでの経緯を考えると、自殺の可能性は高いと思いました。だけど今は、彼が本当に自殺したのかどうか正直、わかりません」

自殺以外の可能性が疑われる原因は、ソナム君の遺体にあった複数の傷である。遺体を目にした家族によれば、自殺にしては不審な痕《あと》が身体にあったのだという。ＢＥＯの幹部が日本で吹聴している自殺未遂の過去についても、家族は否定している。

ネパール人とのトラブルも、周囲のブータン人たちが「仕返しされたのではないか」と疑う原因となっている。もともと福岡にはネパール人留学生が多い。ＢＥＯと提携し、ブータン人留学生へのアルバイト斡旋や母国への送金をビジネスにしているようなネパール人もいる。アルバイト先でもネパール人と同僚になるケースがよくある。ネパール人とは母国語が似ているため、コミュニケーションは取りやすい。そんな近さが、逆にトラブルにつながることもある。タンディン君もアルバイト先、また街のコンビニなどで働くネパール人からも、ネパール語で話しかけられることが多い。

「ブータン人はネパール語がわかります。でも、僕は知らない振りをして、日本語で応答します。理由ですか？　ブータン人とネパール人は微妙な関係にあるんです」

隣国同士が「微妙な関係」に陥ることは珍しくない。そうした関係が悪い方向へとエスカレートしてしまい、何者かに殺されてしまうことになったのかどうか。

ソナム君の死が本当に「自殺」だったのかどうかは何とも言えない。ただし、「学び・稼ぐプログラム」の闇に光が当たるきっかけになったことは確かである。あとはブータン、そして日本の政府が、留学生たちに救いの手を差し伸べるかどうかにかかっている。

第九章　政官財の利権と移民クライシス

実習制度は「ブラック企業」問題ではない

ブータン人留学生のソナム・トブゲイ君が遺体で見つかった3日後の2018年12月8日──。

国会で、外国人労働者の受け入れ拡大のための改正入国管理・難民認定法（改正入管法）が成立した。自民、公明の与党に加え、日本維新の会など一部野党が賛成に回ってのことである。改正入管法は19年4月に施行される。「特定技能」という新たな在留資格のもと、外国人労働者の受け入れが始まる。

新在留資格には「1号」と「2号」がある。「特定技能1号」では、介護や建設、外食、飲食料品製造など14業種で外国人の就労が可能となる。日本で働ける期間は最長5年で、当初の5年間で最大34万5000人を受け入れる。一方、政府が「熟練した技能」を持った外国人にのみ付与する「特定技能2号」には、就労期間の制限がない。業種は5業種が見込まれるが、受け入れ数や実施時期などはまだはっきりしない。

「1号」「2号」の対象となる職種は、人手不足が深刻化した単純労働ばかりだ。これまでは実習生や留学生の受け入れで人手不足を凌《しの》いできた職種が多い。そうした職種で、新たな在留資格のもと外国人労働者が受け入れられる。

「1号」の場合は、実習生から資格を移行すれば最長10年の就労、「2号」に至っては日本での永住が認められる。外国人の単純労働者にも、日本で「移民」となる道が開かれる。

改正入管法をめぐる国会審議で、野党が批判の的にしたのが「実習制度」だった。とりわけ実習生の失踪《しっそう》問題が焦点となった。

法務省によれば、職場から失踪した実習生の数は2017年には7089人に達し、12年の2005人から大幅に増えた。失踪理由の67%が「低賃金」だという。事実、実習生の給与は安い。失踪した実習生の6割近くは月10万円以下、9割以上が月15万円以下に過ぎなかった。

実習生に支払われる賃金は「日本人と同等以上」と定められている。ただし、「同等」は「最低賃金」を意味する。そしてアパート代などを引かれれば、多くの実習生の手取りが月10万円以下となってしまう。これでは失踪し、不法就労した方がずっと稼げる。

国会での審議期間中には、野党と歩調を合わせ、実習生に対する人権侵害を批判する報道が目立った。その多くが「ブラック企業が実習生を搾取《さくしゅ》している」という指摘だった。しかし、実習生の低賃金や失踪、人権侵害といった問題は、何も今に始まったものではない。10年以上前から問題となり、新聞やテレビでも頻繁に報じられてきた。それでも実習制度は見直されず、逆に拡充されてきた。その根本的な原因について切り込む報道、また野党の質問も全くなかった。なぜ、これほど実習制度は批判されながら存続しているのか。

拡大した官僚利権

改正入管法成立の1年前の2017年11月、「外国人の技能実習の適正な実施及び技能実習生の保護に関する法律」（技能実習法）が施行され、実習生の受け入れが拡大した。最長3年だった実習生の就労期間は5年に延び、「介護」分野での受け入れも可能となった。

技能実習法の施行を報じた大手紙には、〈外国人技能実習　厳正化へ〉（17年10月31日「朝日新聞」朝刊）、〈外国人技能実習　適正実施法が施行、人権侵害に罰則〉（同年11月1日「日本経済新聞」電子版）といったように、法律の名称に沿った見出しが並んだ。タイトルを見た読者は、新法が実習制度の適正化を目指してつくられたような印象を受けたに違いない。しかし実際には、「技能実習の適正な実施」や「実習生の保護」を前面に押し出し、制度の枠を広げたに過ぎない。その証拠に、新法施行以降も実習生の失踪はさらに増え、改正入管法の国会審議でも問題となった。

実習制度の欺瞞《ぎまん》は、周知の事実となっている。途上国のための「人材育成」や「技能移転」といった趣旨など全くの建前だ。実習生の受け入れが認められる約80の職種は例外なく人手不足に陥っていて、しかも大した技能など必要としない。「母国でやっていた同じ仕事に日本で就き、帰国後は復職する」といった規定も形骸化《けいがい》している。新たに認められた「介護」の仕事など、実習生を送り出すアジアの国々では普及すらしていない。留学生と同様、実習生も人手不足の職種に低賃金の外国人労働者を供給するための〝抜け道〟に過ぎないのだ。

一方、技能実習法では、監督機関として「外国人技能実習機構」がつくられた。同機構の大きな役割は、実習生を仲介する「監理団体」や受け入れ先となる企業を監視することだ。監視を強めれば、失踪などの問題も減る、というのが政府の論理である。しかし、実習制度を統括する官僚機構には、同じ法務省や厚労省など5省所管の公益財団法人「国際研修協力機構」（JITCO）が長らく存在してきた。JITCOにできなかったことが、どうして新たな監督機関にできるのか。

外国人技能実習機構の設立によって、官僚機構にとっては新たな天下り先が生まれた。同機構の常勤役員は、法務省出身の理事長・鈴木《すずき》芳夫《よしお》氏を始め、法務、厚労両省の出身者が5名のうち4名を占めている。もちろん、たとえ天下り先が増えようと、実習制度が「適正化」するならよい。だが、失踪などの問題は、制度そのものの設計にある。

失踪した実習生の回答にもあるように、実習制度の問題は「低賃金」に集約される。その原因となっているのが、実習生と受け入れ先の間に存在する数々の「ピンハネ」である。

誰が「ピンハネ」しているのか

実習生の主な受け入れ先である零細企業や農家は、送り出し国と日本の双方に存在する仲介団体を通す必要がある。営利目的の仲介は禁じられ、民間の人材派遣会社などは関与できない。しかし、それもまた全くの建前だ。送り出し側の途上国では、日本への実習生の斡旋《あっせん》は、留学生の送り出しとともに旨《うま》味の大きなビジネスとなっている。日本側で仲介を担う「監理団体」にとっても同じだ。

新聞などでは「農協や商工会などの監理団体」（17年10月31日「朝日新聞」朝刊）、ひどいケースになると「商工会など非営利の監理団体」（16年1月31日「日本経済新聞」電子版）といった解説がなされる。だが、監理団体は「事業協同組合」といった公的なイメージの看板を掲げていても、実際には民間の人材派遣業者と大差ない。実習生の斡旋のみに特化できない規則も形骸化し、実質的には専業にしている団体がほとんどだ。

第六章で、監理団体がベトナムなどの送り出し機関から、実習生1人の斡旋につき10万円程度のキックバックを得ていることに触れた。加えて監理団体は、実習生を受け入れた企業などから毎月3万～5万円程度を「監理費」として徴収する。受け入れ企業にとっては大きな負担だ。こうした「ピンハネ」をなくすだけでも実習生の賃金が増え、失踪も大幅に減るはずだが、技能実習法では全く手がつかなかった。

その一方で、監理団体を「届出制」にして、監視も強化していくことが決まった。しかし、監視役となる外国人技能実習機構にとって、監理団体は会費収入を提供してくれる「顧客」である。そんな関係のもと、「ガチンコ」の監視ができるはずもない。

実習制度の中間搾取にメスが入らないのには理由がある、この制度には、当初から「ピンハネ」という利権が組み込まれているのだ。

1993年に実習制度が導入された際、「生みの親」となったのが、労働省（現・厚生労働省）出身で、財団法人「中小企業国際人材育成事業団」理事長（当時）の故・古関忠男氏だ。バブル期に中小企業の人手不足が深刻化するなか、古関氏は外国人の単純労働者を合法的に受け入れる方法として、1960年代から存在した「外国人研修制度」（現在の実習制度）の拡充に目をつけた。本来、海外に拠点を持つ企業が現地社員の招聘《しょうへい》に使っていた制度を、人手不足の中小企業にまで拡充しようとしたのである。

法律を変えるには政治の力が必要となる。古関氏は政界の盟友で、「参議院のドン」と呼ばれた自民党の実力者、村上正邦《むらかみまさくに》・参議院議員（当時）を頼った。そして村上氏の尽力もあって、古関氏の目指したように研修制度は拡充された。その結果、送り出し国と日本の仲介団体経由で実習生を受け入れる「団体監理型」というシステムが広がっていく。

新たな政策が誕生すると、官僚の利権も生まれる。そしてＪＩＴＣＯがつくられ、監理団体などから会費を吸い上げる一方で、官僚機構は自らの天下り先を確保した。

古関氏自身も「生みの親」としての利権を手に入れた。自らの財団が監理団体となって、数多くの実習生を受け入れていくのである。その後、古関氏は「ＫＳＤ事件」で失脚した。すると財団は名称を「国際人材育成機構」（通称「アイム・ジャパン」）と変え、現在まで最大規模の監理団体であり続けている。理事長ポストが厚労省の天下り先となってのことである。

“オール・ジャパン”の団体が享受する「甘い蜜」

「監理団体」という利権には、政治家も注目することになる。選挙に落選もしくは政界から引退した政治家が、監理団体の運営に関わるケースが目立っていくのだ。

「中国人実習生の受け入れは旧社会党系、その他のアジア諸国は自民党」といった与野党での利権の棲《す》み分けもつくられた。関係者の間では知られた話である。

実習生の受け入れでは、問題が起きれば法務省入管当局とのやりとりが生じる。また、送り出し側の政府関係者とコネクションがあれば、受け入れもよりスムーズに進む。そんな事情もあって、「元国会議員」といった肩書きが威力を発揮する。

たとえば、小泉純一郎《こいずみじゅんいちろう》政権で幹事長を務めた武部勤《たけべつとむ》・元自民党衆議院議員が代表理事を務める公益財団法人「東亜《とうあ》総研」は、監理団体としてベトナム人実習生らの斡旋を行っている。

そして武部氏は「日本ベトナム友好議員連盟」特別顧問として頻繁にベトナムを訪れ、政府幹部との面会を繰り返している。

最近になって日本への実習生が急増中のミャンマーに関しては、監理団体を統括し、収入を得ている組織もある。宮澤喜一《みやざわきいち》内閣で郵政大臣を務め、後に自民党から民主党などへと移った渡邉秀央《わたなべひでお》・元参院議員が会長を務める一般社団法人「日本ミャンマー協会」（JMA）だ。

JMAの役員は、政界の名士揃いだ。最高顧問には麻生太郎《あそうたろう》・財務大臣、名誉会長に中曽根康弘・元首相、理事には福山哲郎《ふくやまてつろう》・立憲民主党幹事長、魚住裕一郎《うおずみゆういちろう》・公明党参院会長など超党派の大物政治家が並ぶ。2018年10月に亡くなった仙谷由人《せんごくよしと》・元民主党衆院議員も副会長だった。副会長に大手商社の元トップ3名、理事には財務、経済産業、総務各省の次官経験者や元ミャンマー大使も名を連ねていて、まさに〝オール・ジャパン〟と呼ぶにふさわしい。ちなみに渡邉氏の息子・祐介氏は常務理事兼事務総長である。

JMAは2016年1月から、ミャンマー人実習生に対する「事前審査業務」を担っている。日本側の監理団体が提出する求人票を「①失踪防止　②関連法令・ルール順守　③処遇、労働・生活居住環境等の観点からチェック」する。その「チェック」を経た後、在日本ミャンマー大使館に書類が送られるのだという。「ミャンマー労働省の要請、並びに在日ミャンマー大使館からの委託」に基づいてのことだというが、他国からの実習生受け入れでは見られないシステムだ。

ミャンマー人実習生に関しては、とりわけ失踪が問題になっていた。2015年には336

人が職場から失踪した。同年末時点で、ミャンマー人実習生の数は１９７８人である。失踪率は17％近くにも達し、実習生の国籍別で群を抜く高さだった。

ミャンマーにとって日本への実習生送り出しは、外貨獲得の大きな手段である。送り出し数を増やすためにも、失踪の問題は何とか解決したい。そこで現地の送り出し機関70社でつくる団体が、失踪した実習生の家族に対し、日本での月収の5倍もの罰金を科すことまで一時検討したほどだ。

罰金制度は導入されなかったが、ミャンマー側としてはできるだけ実習生を増やしたい。そんな背景もあって、ＪＭＡという実力組織の力を借りようとしたのだろう。だが、求人票の「事前審査」をすれば、失踪は減るのだろうか。

ミャンマー人実習生の斡旋を希望する監理団体は、ＪＭＡの「ミャンマー人技能実習生育成会」に入会しなければならない。入会金は5万円で、加えて年会費が5万円、さらに審査手数料として実習生1～3人だと1万円、4～6人で2万円といった費用が発生する。こうした費用は監理団体から受け入れ企業へと転嫁され、結果的には実習生の賃金を抑える要因となる。

２０１３年には１２０人に過ぎなかったミャンマー人実習生の数は、18年6月末までに６８１４人と、わずか5年半で60倍近く急増した。今後も実習生が増えれば、ＪＭＡの収入増に直結する。

ＪＭＡ会長の渡邉氏は、２０１４年のインタビューで「ミャンマー利権」について問われていた。その際の答えはこうだ。

「ミャンマー支援で、なにか甘い蜜《みつ》があるというような記事が出たこともあるが、そういう気持ちでやってきたことはない。国のため、日本企業のためにプラスになり、ミャンマーの力になることをやってきた。私自身はこれから選挙に出ることもない。自分のカネを使い果たして、家まで担保に入れてやっているのに残念だ」（14年1月9日『SankeiBiz』）

とはいえ、実習生の「事前審査業務」は明らかに「甘い蜜」である。

JMAについては、17年6月6日の参議院内閣委員会で取り上げられた。自由党共同代表の山本太郎《やまもとたろう》参院議員が、こう質問している。

「（日本）ミャンマー協会のように、送り出し国との間に一枚かんで何か仕事をつくって、一枚かんでいるほかの日本の団体というのは存在するんでしょうか、教えてください」

この質問に対し、政府参考人の佐々木聖子《ささきしょうこ》・法務大臣官房審議官（現・法務省入国管理局長）はこう述べている。

「私ども、このような団体というのは承知をしておりません」

ミャンマーの実習生受け入れに関する特殊性を認めたのだ。そんなやり取りが国会であった以降も、JMAの「特権」は維持されたままである。

「日本ミャンマー協会」からのクレーム

以上の内容で、私は２０１７年11月、ＪＭＡの問題について「フォーサイト」で取り上げた。「技能実習『新法』でも変わらぬ『利権構造』」と題した記事の一部を割いてのことだ。その後、翌18年4月にネットメディア「ビジネスジャーナル」に実習制度問題を寄稿した際にも、やはりＪＭＡに関して書いた。ＪＭＡに関する部分は、国会でのやりとりを加えた以外、ほとんどフォーサイトの記事の焼き直しだ。

ＪＭＡから私にメールが届いたのは、ビジネスジャーナルに寄稿して半年以上が経った18年12月10日のことだった。メールの内容は拙稿へのクレームである。

メールを受け取る1週間ほど前、フォーサイトの元編集長から私に連絡が入っていた。私の「誤解を解くため、ＪＭＡが説明したいと言ってきている。連絡先を教えても構わないか」という相談だった。その申し出に私は応じ、「やりとりは記事として公開する」との条件も伝えた。ＪＭＡから元編集長への連絡は、ある著名なノンフィクション作家を通し、同協会の「宮野氏」という人物からあったのだという。ＪＭＡの付属機関「ミャンマー総合研究所」で上級主任研究員を務める宮野弘之氏と思われる。

宮野氏は「産経新聞」の元編集委員である。産経にいた当時、拙稿で引用したSankeiBiz記事でＪＭＡの渡邉会長にインタビューしていた。その後、産経を離れ、ＪＭＡに移ったようなのだ。政官財の〝オール・ジャパン〟であるＪＭＡには、こうして大手メディア出身者まで加わっている。

私へのメールを送ってきたのは、JMA常務理事兼事務総長の渡邉祐介氏だった。前述した通り、渡邉秀央理事長の息子である。渡邉氏が私への問い合わせの対象に挙げていたのが、ビジネスジャーナルの拙稿と、18年11月30日に「日刊ゲンダイ」が書いたJMAに関する記事だった。

日刊ゲンダイの記事は、かなりのドギツさがあった。1面の見出しに〈麻生ピンハネ移民利権〉、そして3面に掲載された記事にも〈ミャンマー人労働者を食い物にするピンハネ協会〉と、インパクトの強い言葉が並んでいた。しかも記事が発表されたのは、改正入管法の国会審議で、実習生問題が頻繁に取り上げられていた最中のことだった。そしてJMAから私へのメールは、同法が国会で成立した12月8日の直後に届いている。

私に対するクレームは、おそらく日刊ゲンダイ記事が引き金となったのだろう。ただし、この記事で私のコメントは引用されてこそいるが、執筆したのは日刊ゲンダイの記者である。ビジネスジャーナルの拙稿と同列に扱い、私に対して内容を問い合わせてくるべきものではない。

そもそも本来、記事に対する問い合わせや抗議は、通常は掲載した媒体の編集部にまずなされる。念のため、日刊ゲンダイ編集部にも確認したが、JMAからのクレームは届いていなかった。明らかに私という個人のジャーナリストを狙って攻撃してきたのである。

渡邉氏のメールにあった質問は、以下の3つだ。

(1)記事を書くにあたって、会長の渡邉秀央以下、当協会に事実関係の確認を含め、取材はされましたか？

⑵食い物にしている、ピンハネをしているという主張の根拠をお知らせください。

⑶駐日ミャンマー大使の依頼を受けていることなどをふくめ、当協会と技能実習生の件で、駐日ミャンマー大使館に取材はされましたか？

ビジネスジャーナルやフォーサイトでJMAに関して記した内容は、同協会のホームページに掲載された情報がもとになっている。実習生の求人票「事前審査業務」に関する「在日ミャンマー大使館からの委託」についてもそうだ。求人票を提出する監理団体に対し、在日ミャンマー大使館が送付した〈ミャンマー人技能実習生の受け入れ手続きについて〉と題された書類も、私は監理団体関係者から入手している。そこにもはっきりと、こう書かれている。

〈2016年1月より一般社団法人『日本ミャンマー協会（JMA）』に求人票（Demand Letter）の事前審査を依頼しましたので併せJMA（ホームページアドレスが記載＝筆者注）に事前審査申請をお願いします。〉

JMAのホームページと同じ内容である。そのため私は、JMAや在日ミャンマー大使館への事実確認の必要はないと判断し、記事を執筆した。また、⑵の質問にある「食い物」や「ピンハネ」といった言葉は日刊ゲンダイの記事で使われたもので、私自身が執筆した記事では一切用いていない。

以上の内容を、私からの回答としてフォーサイト編集部からJMAの渡邉氏へとファクスで送った。その際、いくつか私からの質問も一緒にすることにした。

⑴私の連絡先を尋ねてきた宮野弘之氏の肩書きはＪＭＡの「上級研究員」で、また２０１４年1月に「SankeiBiz」のＪＭＡ・渡邉会長のインタビューを執筆した産経新聞編集委員と同一人物なのか。

⑵問題の記事を掲載した編集部ではなく私個人に連絡をしてきた理由。

⑶今後「日刊ゲンダイ」に質問を送る予定があるのかどうか。

加えて、以下についても尋ねた。

⑷ＪＭＡによるミャンマー人実習生の求人票事前審査業務は、外国人技能実習機構が実施する監理団体、技能実習計画の審査と役割が重複しているが、違いは何なのか。

⑸ＪＭＡが事前審査を通じ、監理団体に対してミャンマー人実習生の受け入れ不可の判断を下したケースはあるのか。

⑹ＪＭＡに対し、「ミャンマー海外人材派遣企業協会」から２０１８年11月、事前審査業務の中止を求める通告があったが、その影響とは。

法務省も国会で答弁しているように、ＪＭＡのような団体は、他国からの実習生受け入れにおいては存在しない。しかも同協会による「事前審査業務」は、外国人技能実習機構の役割とも重複する。その違いを具体的に確かめようとしたのだ。違いがないのであれば、同機構という日本政府の機関をミャンマー側が信用せず、ＪＭＡにさらなる審査を求めていることになる。

私の取材した限り、ＪＭＡから実習生の受け入れ「不可」の判定を下された監理団体は過去に1つもない。ＪＭＡの会員となって会費等を収め、定められた書類さえ提出すれば、実習生は受け入れられるのだ。つまり、何のための「審査」なのかはっきりしない。

⑹で書いた「ミャンマー海外人材派遣企業協会」は、日本へ実習生を送り出している企業の政府公認団体だ。この団体としては、実習生の送り出しをさらに増やしたい。そのために日本側の監理団体が負担する費用を減らそうと、ＪＭＡの「特権」剝奪《はくだつ》を求めている。その影響について質問したのである。

質問を送ってから3カ月が経つが、ＪＭＡからの回答はない。

中間搾取の問題を含め、実習制度の根本的な見直しを求める意見はある。たとえば、日本弁護士連合会（日弁連）は、韓国の「雇用許可制」を参考にすべきだと主張する。

かつて韓国も日本の実習制度と似た「産業研修生制度」を通じ、外国人労働者を受け入れていた。しかし、失踪や不法就労が社会問題化した結果、２００４年に雇用許可制へと制度を変更した。

雇用許可制では、韓国政府が毎年、外国人労働者の受け入れ数を決定する。そして2国間で協定を結んだ相手国に割り振り、政府間のやり取りで人材を受け入れる。そして国の機関である「雇用センター」（日本のハローワークに相当）を通じ、人手不足の企業に外国人労働者を斡旋するという仕組みだ。斡旋業者の介在を排除しようとしたわけである。

日弁連のチームが韓国政府担当者に行なった聞き取り調査によれば、前制度のもとでは実に80%にも達した外国人労働者の失踪率は、16年12月時点で13・9%まで減っているという。失踪率自体は日本と比べれば依然として高いが、韓国側における中間搾取をなくした効果は大きかった。受け入れ総数を国が管理し、自国民の雇用環境に影響しないよう配慮もされている。また、国際的な批判を浴びる日本の実習制度とは対照的に、雇用許可制は国連などから表彰を受けるほど評価が高い。

一方、日本では、改正入管法のもとでも実習制度は続いていく。新たな在留資格「特定技能」で来日する外国人の斡旋には、民間の人材派遣会社も介在できるようになる。つまり、〝ピンハネ〟が監理団体から人材派遣業者に移るだけのことだ。その裏では、政官の既得権益も温存される。

そんな利権の問題に新聞やテレビは切り込もうとはしない。実習制度に介在するJMAという摩訶《まか》不思議な団体にしろ、大手メディアでは全く取り上げられていないのだ。

「移民」受け入れの本丸「留学生の就職条件緩和策」

一方、偽装留学生問題についても、改正入管法の国会審議で議論はなかった。共産党の議員が日本語学校の問題を質問したが、それも「株式会社」経営の学校が営利目的に走っているといった程度の指摘でしかなかった。

第四章でも触れたように、偽装留学生の受け入れは、株式会社が経営する日本語学校に限らない。学校法人の日本語学校であっても、より悪質な学校は存在する。事実、ブータン人留学生を受け入れ、パスポートを取り上げている日本語学校は学校法人の経営だ。また、偽装留学生が専門学校や大学に続々と進学している実態についてもすでに述べた。

私が偽装留学生問題に拘《こだわ》るのは、単に彼らが外国人労働者として最底辺の環境に置かれているからというだけではない。留学生の受け入れは、日本の「移民問題」とも大きく関わってくる。

実は、改正入管法成立の裏で、世の関心も集めず、また国会の議論すら経ず、大きく変わろうとしている政策がある。同法施行の２０１９年度に合わせて実施される留学生の就職条件緩和策がそうだ。

ひとたび留学生が日本で就労ビザを得れば、彼らには移民への道が開かれる。留学生の就職緩和こそ、新在留資格創設にも増して、移民の受け入れに直結する「本丸」なのだ。しかし、国会では取り上げられず、新聞やテレビでも問題を指摘した報道はなかった。

〈優秀な外国人材確保〉という欺瞞と経済界の力

留学生に対する就職条件の緩和は、安倍政権の肝煎《きもい》りで実現した政策だ。同政権は２０１６

年に発表した「日本再興戦略」（成長戦略）で、留学生の就職率を「5割」へと引き上げる目標を打ち出している。同じく成長戦略として推進する「留学生30万人計画」で留学生を増やし、就職率も上げようというのだ。

最も発言が目立ったのが政権ナンバー2の菅義偉《すがよしひで》官房長官だった。2018年8月23日「西日本新聞」電子版のインタビューでもこう語っている。

「現在、卒業後に就職できる留学生は全体の36％に過ぎない。失意の思いで帰国し、日本に不信感を持つ結果になるのは避けなければならない。働く意欲に応《こた》えるために、就労目的の在留資格とは別に、留学生に特化した制度をつくりたい。日本企業への就職支援にも力を入れる」

確かに、この国で暮らすうち「日本に不信感を持つ結果になる」留学生は多い。だが、それは就職条件とは関係ない。借金漬けで来日し、人手不足の企業や学校、ブローカーによって、様々なかたちで食い物にされるからだ。そんな実態を招いているのが、他ならぬ政府の政策なのである。

菅氏の政治的な影響力は絶大なのだろう。このインタビューの翌週、法務省は留学生の就職条件を緩和する方針を打ち出した。これまで留学生の就職は、大学や専門学校で専攻した分野に近い仕事でしか認められなかった。その条件を緩め、大卒の留学生は職種の制限なく、専門学校卒の場合も「クールジャパン」関連の仕事であれば、専攻を問わず就職できるようにするという。そして、その方針は同年9月6日の全国紙で一斉に報じられた。

〈大学・大学院を卒業・修了した留学生のうち国内で就職するのは3割程度にとどまり、見直しにより、優秀な外国人材の定着促進を図るのが狙い。〉（「毎日新聞」）

〈法務省は優秀な外国人材を国内に定着させるには、こうした日本の学校を卒業した留学生の就職機会を拡大する必要があると判断。〉（「朝日新聞」）

〈法務省は『日本の大学を卒業した優秀な外国人材の国内定着の促進や、海外での日本文化の発信・普及につながる』としている。〉（「産経新聞」）

といった具合に、各紙とも法務省の主張をそのまま伝えるだけで、否定的な解説は一切ない。だが、就職条件の緩和は、本当に法務省の言うような〈優秀な外国人材〉の確保につながるのだろうか。

留学生の就職問題を取り上げる際、新聞などでよく引用される数字がある。

〈64％の留学生が日本での就職を希望し、実際に就職できたのは30％〉（２０１7年7月21日「日本経済新聞」朝刊1面）

というものだ。この統計は、独立行政法人「日本学生支援機構」が２０１５年度に行なった調査が出所となっている。正確には、大学もしくは大学院を卒業・修了した留学生の就職率は「35・2％」だ。菅氏が西日本新聞のインタビューで「36％」と紹介したデータでもある。

安倍政権の後押しによって、留学生の就職は近年増加が続いている。法務省によれば、日本で就職した留学生は17年には過去最高の2万２４１９人に達し、前年から約15％増加した。5

年前の12年と比べれば2倍以上の急増だ。就労ビザの許可率も80％に上る。就職先が見つかった留学生の10人に８人にはビザが発給されているのだ。

それでも現状では、就職率は目標の「５割」には届いていない。そこで職種の制限を取り除き、さらに留学生の就職を増やそうとしている。

大卒の場合、就職条件は「年収３００万円以上」と「日本語を使う仕事」のみである。各紙とも全く触れていないが、これは政策の大転換を意味している。留学生の就職先として認められていなかった単純労働でも、就労ビザの取得が可能になるからだ。

日本で就職する留学生は、９割以上が在留資格「技術・人文知識・国際業務」（技人国ビザ）を得る。技人国ビザで日本に滞在する外国人は２０１８年６月時点で21万２４０３人と、２０１２年末からは約10万人、17年６月からの１年間に限っても３万人以上も急増している。留学生の就職増が影響してのことだ。

技人国ビザには１～５年程度の在留期限こそあるが、その更新は難しくない。日本に永住し、「移民」となる権利を得るも同然だ。技人国ビザ取得者の急増は、日本が「移民国家」への歩みを進めている証《あかし》といえる。

ただし技人国ビザでは単純労働には従事できない。そこで政府は、法務大臣が独自に定める在留資格「特定活動」の範囲を拡大するのだという。まさに菅氏が語っていた「留学生に特化した制度」がつくられるわけである。

そうなると、単純労働への就職も可能となる。政府は改正入管法で「特定技能」という在留資格をつくり、単純労働者の受け入れを始める一方で、留学生も単純労働で活用しようとしている。

人手不足が深刻化し、外国人労働者を最も欲しているのは肉体労働の現場だ。留学生の就職先から「ホワイトカラー」という枠を外せば、そうした現場へも彼らは就職できる。留学生の就職緩和策とは、〈優秀な外国人材〉確保が目的だと国民にアピールしつつ、外国人の単純労働者を確保するための新たな手段なのである。

改正入管法は、安価な外国人労働者を求める経済界の意向で実現した。留学生の就職緩和策にも同様、経済界の声があるのは明らかだ。

私の知る限り、留学生の就職条件を緩和するよう最初に提案したのは、モルガン・スタンレーMUFG証券チーフエコノミスト（当時）のロバート・フェルドマン氏だ。同氏は2016年3月に開かれた自民党「労働者確保に関する特命委員会」で、日本の大学を卒業した留学生に無条件で永住権を与えるよう提言している。18年2月の自民党「外国人労働者等特別委員会」では、日本商工会議所から日本の「大学等を卒業した外国人留学生」に特化した在留資格を創設するよう要望が出た。このときの委員会には、偽装留学生問題について発表するため私も登壇していた。そのため強く印象に残っているが、今回の政策と重なる提案である。

就職緩和策が導入されれば、留学生たちは数年間にわたって日本語学校と大学の学費さえ支払えば、日本で就職できることになる。母国の10倍近い賃金が得られるのだから、偽装留学生の希望者はますます増えるに違いない。そして彼らには今後、日本語学校から専門学校や大学を経て、日本で移民となる可能性が広がる。

実質「移民」と呼べる永住者は18年6月時点で75万人9139人を数え、10年間で約27万人増加した。一方、就労資格を得て日本で5年以上働いた外国人は、永住権が申請できる。今後は技人国や特定活動ビザを持つ元留学生からも、永住者が増加していくはずだ。

私は何も留学生の就職や移民の受け入れに一切反対しているわけではない。とはいえ、留学生全体に偽装留学生が占める割合は半数以上にも上っている。

そんな状況を放置したまま、単に「日本の大卒」といった学歴だけで、彼らを移民として迎え入れて本当によいのだろうか。

偽装留学生の日本への引き留め策

そもそも、なぜこのタイミングで留学生の就職条件が緩和されるのか。私には、「留学生30万人計画」の動向が影響しているように思えてならない。

2012年には約18万人だった留学生の数は18年6月には32万人を超え、同計画も目標としていた20年より前に達成された。本書で繰り返し伝えてきたように、出稼ぎ目的で、留学費用を借金に頼って来日する偽装留学生が大量に受け入れられた結果である。

ベトナムを中心に偽装留学生の流入が本格化するのは２０１２年頃からだ。以降、年を追うごとに数が急増した。彼らの多くは日本語学校に2年在籍した後、専門学校や大学に進んで出稼ぎを続ける。

学費さえ払っていれば、「大卒」や「専門学校卒」という学歴は手に入る。しかし、留学生たちは専門分野の知識はもちろん、ホワイトカラーの仕事で使える語学力も身についていない。そんな偽装留学生たちが今後、続々と卒業時期を迎えていく。そのタイミングに合わせるかたちで、政府は留学生の就職条件を緩和しようとしている。

日本での就職を希望する留学生「64％」のうち、半数近くは仕事が見つからないというデータは、就職緩和策が導入される拠《よ》り所となった。〈優秀な外国人材〉である留学生が就職希望を叶《かな》えられないのは、日本にとって大きな損失だ。だから就職条件を緩めるべきだというのが、菅官房長官を始め政府の主張である。しかし、〈優秀〉と判断する根拠は「大卒」もしくは「専門学校卒」という学歴だけで、留学生たちの日本語レベル、そして偽装留学生の存在については何も言及がない。

大学にも増して偽装留学生の受け入れが著しいのが専門学校だ。そうした専門学校の卒業生も、「クールジャパン」を条件に日本での就職チャンスが広がる。

「クールジャパン」の定義は、〈アニメや日本食など日本文化に関わる仕事〉（「日本経済新聞」）といった具合に極めて曖昧《あいまい》だ。「日本発の牛丼を将来、母国で広める」と申請すれば、牛丼店で働くための就労ビザが発給されるのか。「日本の弁当文化を学びたい」という理由で、コンビニ弁当の製造工場での仕事も認めるのか。そうなれば、偽装留学生たちは日本語学校や専門学校に在籍していたときと変わらず、牛丼店や弁当の製造工場で働き続けられる。元留学生で、現在は日本のメーカーに就職している在日ベトナム人男性はこう話す。

「〈優秀な外国人材〉って、いったい誰を指すのでしょうか。大学や専門学校を出たからといって〈優秀〉だとは限りません。留学生が本当に勉強しているかどうかを知りたいなら、〈日本語能力試験〉『N1』や『N2』を条件にすればいいだけですよ」

その後、法務省は2019年2月の自民党法務部会で、日本の大学や大学院を卒業・修了した留学生に対し、同年4月からホテルやレストラン、コンビニなど接客業での就職を可能にするとの方針を示した。とりあえずはN1合格者に限って「特定活動」の資格が与えられる。

同省が前年9月に打ち出していた方針と比べ、かなり後退した内容である。しかしこの程度の「緩和」では、留学生の就職はほとんど増えない。N1まで取得し、接客業に就こうという留学生は珍しい。そもそもN1の資格があれば、「特定活動」など選ばなくても技人国ビザは簡単に得られる。

政府としては、まずN1という厳しい条件を課し、様子を見るつもりなのだろう。そして留学生の就職増加に効果がないと見極めたうえで、条件を徐々に引き下げていく可能性がある。当初は高いハードルを設定し、その後に引き下げていくというやり方は、これまでも外国人労働者の受け入れでよく使われてきた。

「技人国ビザ」を使った〝偽装就職〟の横行

留学生の就職条件が緩和されていけば、いったい何が起きるのか。日本語学校でアルバイト経験があり、留学生事情に詳しい在日ベトナム人に尋ねると、こんな答えが返ってきた。

「偽装留学生たちは自分の力で就職活動ができません。友人の紹介やフェイスブックを通じてアルバイトは見つけられても、就活をできるような日本語能力はないのです。アルバイトに追われ、就活の時間すらない留学生も多い。結果、就職を斡旋してくれるブローカーに頼り、手数料を払って仕事を見つけることになるはずです」

ブローカーには、偽装留学生と企業を結びつけるビジネスチャンスが生まれる。その兆候はすでにある。怪しい人材派遣業者や行政書士らが暗躍し、留学生にホワイトカラーの仕事を斡旋するよう見せかけ、実際には単純労働の現場へと送り込む〝偽装就職〟ビジネスが横行しているのだ。第八章で書いたブータン人留学生にも、人材派遣業者から「ホテルに就職できる」と持ちかけられて就職し、実際には総菜の製造工場で働くことになった者がいる。業者に40万円の手数料を支払い、技人国ビザを取得してのことだ。

フェイスブックなどのSNSでは、留学生に就職を斡旋する外国語の広告が溢《あふ》れている。とりわけ目立つのが、急増中のベトナム人留学生をターゲットにした斡旋だ。

〈1年の就労ビザで30万円、3年だと50万円〉

そんな具合に技人国ビザが売買されている。

いったい誰が偽装就職を手引きしているのか。留学生の就職事情に詳しい、日本語学校のベトナム人職員が解説してくれた。

「留学生などの在日ベトナム人です。でも、彼らだけでは入管に提出する書類は準備できません。後ろには日本の人材派遣業者や行政書士がいて、ベトナム人を使い、留学生の就職希望者を集めているんです」

典型的な手口はこうだ。就職希望の留学生が見つかると、まず人材派遣業者は自らの会社で採用する。その際は、外国人スタッフの「通訳」として採用すると偽り、行政書士を通じて技人国ビザを取得させる。そしてビザを得ると通訳業務には就かせず、取り引きのある企業へ単純労働者として派遣するのだ。業者と行政書士は、ビザ取得の手数料として留学生から受け取る数十万円の金を山分けする。さらに業者は、派遣先の企業が支払う留学生の賃金までもピンハネできてしまう。

こうした手口の横行には、すでに警察も目を光らせている。警視庁は19年2月、ネパール人留学生らに在留資格を虚偽申請させたとして、東京都内の人材派遣会社経営者らを入管法違反容疑で逮捕した。約100人ものビザを不正に変更し、実際には就労が認められない倉庫やレストランで単純労働させていたのだという。新聞報道では不正に取得された在留資格の種類までは明らかになっていないが、留学生たちの「留学ビザ」が技人国ビザへと変更されたと見て間違いない。そして翌3月には、経営者と組んでいた行政書士も逮捕された。

私が取材してきた印象では、こうして摘発されるケースは氷山の一角に過ぎない。技人国ビザの発給基準は大幅に緩んでいる。書類に不備さえなければ、たいていは発給される。そして不正が発覚することも珍しい。

ビザ取得のために必要な「大卒」という学歴にしろ、金さえ払えば手に入る。技人国ビザなど滞在資格と同様、大学の卒業証書までもネットで売買されている。技人国ビザを持つ外国人の急増は、偽装就職の横行も影響してのことなのだ。

急増するベトナム人犯罪

留学生や実習生として来日するベトナム人の増加に伴い、彼らによる犯罪が増え続けている。2017年に全国の警察が検挙した在日ベトナム人の犯罪は5140件と、前年から約6割増えた。12年からの5年間で3・5倍の急増で、ついに国籍別で中国人を抜いてトップになった。ちなみに在日ベトナム人の数は17年末時点で約26万人と、中国人の約73万人よりもずっと少ない。

在日外国人全体に占める割合では、ベトナム人は1割程度である。そのベトナム人が外国人犯罪の3割を起こしている。窃盗に関しては4割以上、万引きに至っては6割以上がベトナム人の犯行だ。

在日外国人の総検挙件数は、17年には1万7006件に達し、前年から3000件近く増加した。とはいえ、ピーク時の05年と比べれば3分の1程度に過ぎない。外国人の増加と犯罪には因果関係はない。ただし、ベトナム人などに限って犯罪が増加している。

検挙されたベトナム人の在留資格は「留学」が4割以上に達し、約23%の「実習」を大きく上回った。ベトナム人のなかでも、とりわけ留学生は犯罪との因果関係が強い。

偽装留学生たちが、ブローカー経由ででっち上げの書類をつくり、ビザを得ている実態については繰り返し書いてきた。彼らは履歴書すらもでっち上げられる。ベトナムで犯罪歴があったとしても、日本側に提出する履歴書では消し去ることもできる。そんな状況すら「留学生30万人計画」は招いている。

ベトナム人犯罪の温床がSNSである。フェイスブックで在日ベトナム人が多く閲覧するベトナム語のページには、怪しい投稿が溢れている。たとえば、こんな投稿だ。

〈・経営協力　補助業務
・月収1000万～1500万ドン（約5万～7万5000円）＋手数料。簡単な仕事。マーケティングは当方が担当。〉
事情に詳しい在日ベトナム人によれば、敢えて直接的な表現を避けながら、窃盗の実行役を募っているのだという。

「月収5万円は、ベトナムの平均的な収入の2倍以上です。しかも手数料まであるなんて、普通の仕事ではない。こうした投稿は、多くがベトナムからなされています。日本にいるベトナム人をスカウトし、指定した品物を盗ませるのが目的です」

実行役が日本で盗んだ品物はベトナムへと運ばれる。人気の商品は「化粧品」や「薬」、「サプリメント」などである。SNSには、盗品の「運び屋」を募集する投稿も目立つ。もちろん盗品とは告げず、ベトナムへの無料航空券と引き換えに「荷物を運ぶ仕事」だと宣伝される。ベトナム人の犯罪、なかでも窃盗や万引きが急増している背景には、SNSを介して成り立つ盗品ビジネスのシンジケートの存在がある。

日本の銀行口座や携帯電話のSIMカードの買い取りを持ちかけるケースも多い。母国に帰国するベトナム人らを対象にしたもので、買い取られた銀行口座などは闇取引の決済に使われる。

他にもよく目にするのが、カードの偽造業者による投稿だ。宣伝されている偽造品は、外国人の身分証明書である在留カードや日本語能力検定の合格証書、さらには日本の運転免許まで実に幅広い。在留カードは不法滞在者、免許証は運転の必要なアルバイトを希望する留学生らが購入する。ベトナム語のSNS空間は、まさに犯罪や不正行為の温床といえる。そして、こうした投稿のターゲットとなるのが、偽装留学生なのである。

借金返済と学費の支払いのため、偽装留学生たちは徹夜のアルバイトに追われている。そんななか、スマホを覗《のぞ》けば、悪い誘いが目に入る。手っ取り早く稼ごうと、犯罪に走る留学生がいたとしても不思議ではない。現状を放置していれば、ベトナム人を始めとする偽装留学生の犯罪はさらに増え続け、やがて社会問題となっていくだろう。

同じ状況は、2003年に達成された「留学生10万人計画」でもあった。同計画のもと、中国から大量に流入した偽装留学生の犯罪が急増した。彼らにとって最大の出稼ぎ先だった東京都では、外国人犯罪全体に占める留学生の割合が4割にも達した。そして同年、中国人の元留学生らによる「福岡一家4人惨殺事件」が起きた。この悲惨な事件は全国的なニュースとして報じられ、留学ビザの発給基準が厳格化するきっかけになった。

それから10数年を経て、今度は「留学生30万人計画」が達成された。「人手不足」が免罪符となって、偽装留学生の受け入れが止まる気配はない。さらには、彼らを日本に引き留めようと、政府は就職条件の緩和にも乗り出す。果たしてそれが、本当に国民のため、国の将来のためになることなのだろうか。

政府の本音は外国人を底辺労働に固定すること

新在留資格「特定技能」では、14業種での外国人労働者の受け入れが可能となる。しかし、それ以外にも人手不足が深刻化した職種はある。また、低賃金・重労働を担っている偽装留学生を日本に留《とど》めたい。そんな思惑が、留学生の就職条件緩和につながったことは明らかだ。

ホワイトカラーの専門職では人手不足は起きていない。そこに本当に〈優秀な外国人材〉が受け入れられれば、日本人の職が奪われてしまう。そんなことは政府も望んではいない。

今後、単純労働の仕事であっても、「年収３００万円以上」といった条件だけで就労ビザ取得が可能となるかもしれない。しかし、日本語能力に乏しい偽装留学生には、キャリアアップは望めない。低賃金・重労働の仕事ほど人手が足りないのだから、企業にとっては実に好都合なことだ。

企業の本音は、人手不足の解消にある。そのためには、むしろ日本語など覚えてくれない方が望ましい。不満も漏らさず、長期間にわたって日本人の嫌がる仕事を担ってくれる外国人こそ、企業が求める存在なのである。

とはいえ、外国人労働者を労働市場の底辺に固定すれば、日本人の賃金が抑えられる要因となる。また、人手不足が緩和したとき、最も先に失業するのは外国人である可能性が高い。そんな事例は、最近もあった。２００８年の「リーマンショック」後がそうだ。東海地方などでは、ブラジル出身者を中心に日系人の失業が大問題となった。

日系人の受け入れは、１９９０年代始めから始まった。同時期に受け入れが開始する実習生と並び、バブル経済で進んだ人手不足解消が目的だった。以降、南米諸国を中心に出稼ぎ目的の日系人が大量に流入し、リーマンショック前にはブラジル出身者だけで30万人以上に上っていた。その数は、ちょうど現在の留学生にも匹敵する。

日系ブラジル人は日本語が不得手な人が多かった。リーマンショック前後、私も日系ブラジル人社会を取材していたが、20年近く日本に住んでいながら、日常会話すらできない人が多いことに驚かされた。両親や祖父母が日本人であっても、彼らはポルトガル語で育っている。そして日本に来て以降も、日本語を使わず生活できた。日系ブラジル人の多くが就いていた工場での派遣労働は、日本語が不自由でも十分にこなせたからだ。また、ブラジル人コミュニティで暮らしていれば、普段の生活も日本語は必要なかった。日本語なしで生活できるという点で、現在の偽装留学生とも極めて似通った環境である。

日系人には日本での定住、永住の道が開かれている。そこにリーマンショックが起き、失業者が急増した。彼らには職業選択の自由もあったが、日本語が不自由なため、肉体労働以外では仕事が見つけにくい。そんな日系人たちの失業が長引けば、行政が負担する社会保障費は増え、治安の悪化も懸念された。

そこで日本政府は「帰国支援金」の制度を設け、日系人たちに帰国費用を渡し、母国へと送り返そうと努めた。制度に対しては、海外からも批判が相次いだ。政府のやり方が、外国人の「使い捨て」と受け取られたのだ。

今後、リーマンショックのような状況が再び起きることもあり得る。そのとき政府は、日本で就職した留学生、そして改正入管法のもと来日する外国人たちも、都合よく母国へと追い返すのだろうか。

政府は「移民政策は取らない」と言うだけだ。その陰で、実質的な移民が増え続けている。「政策」もなく、なし崩しの受け入れが加速していく一方だ。それはまさに欧州諸国が50年前に移民の受け入れで辿《たど》り、後に苦い経験をすることになった道である。

経済界が低賃金・重労働を担う外国人を求めるのは当然だ。それが留学生であろうと、また移民であろうと企業にとっては変わらない。しかし政府には、受け入れに伴う負の側面まで検証し、長期的な視点で政策を立案する役目がある。にもかかわらず、現状は目先の「人手不足」が言い訳となって、様々なかたちで労働力確保の〝抜け道〟ばかりが増えている。

とりわけ留学生に対する就職緩和策は、移民の受け入れという点で重大な意味を持つ。それなのに政府は、国民の目をごまかそうとしかしていない。そして新聞など大手メディアは検証機能を全く果たせていない。そんな現状のもと、この国のかたちが大きく変わり始めている。

第一章で私が新聞配達に同行取材したファット君は２０１９年４月、東京都内の専門学校に進学することが決まった。進学後も奨学生を続けられるが、彼にそのつもりはない。

第二章で取り上げた偽装留学生のタン君は、その後も日本語学校から不当な要求を受け続けた。日本語学校卒業から留学ビザの在留期限までの１カ月の期間に対し、〝学費〟と称して「６万円」を取られた後、さらに半年分の「36万円」を請求されたのだ。留学ビザの次回更新をすれば、在留期限が半年延びる。その費用だというのが学校側の言い分だった。しかし、更新は進学先となる専門学校で行なう。その際、日本語学校の出席率などの資料は必要となるが、すでに卒業した日本語学校に費用を払う必要などあるはずもない。タン君は拒否したが、言われるままに「36万円」を払った留学生もいたという。ビザ更新を日本語学校に邪魔されないかと恐れてのことだ。留学生の弱い立場につけ込み、多くの日本語学校が今もやりたい放題を続けている。

第八章と第九章で書いたブータン人留学生たちは、多くが日本から去っていった。借金の返済はブータンに帰った後も続く。彼らの帰国が迫っていた2019年2月、元留学生と親たちがブータンで結成した団体の代表者と弁護士が、実態調査のため来日した。一方、ブータン政府が予定していた調査団の訪日はいまだ実現する気配がない。ソナム・トブゲイ君の「自殺」についても、真相の解明は進んでいない。

おわりに

外国人労働者の受け入れ拡大が話題となっていた2018年後半、新聞やネットメディアで頻繁に見かけた言葉がある。

〈我々は労働力を呼んだが、やってきたのは人間だった〉

1991年に亡くなったスイス人作家、マックス・フリッシュの言葉なのだという。政府の政策に批判的な〝人権派〟の有識者たちが金科玉条のごとく使った。「朝日新聞」2018年10月29日朝刊の〈外国人労働者 「人」として受け入れよう〉と題された社説も、フリッシュの言葉を用いてこう主張する。

〈外国人に頼らなければ、もはやこの国は成り立たない。その認識の下、同じ社会でともに生活する仲間として外国人を受け入れ、遇するべきだ。朝日新聞の社説はそう主張してきた。だが政府が進めようとしている政策は、こうした考えとは異なる。根底にある発想は旧態依然のままで、「共生」にほど遠いと言わざるを得ない。〉

入管法改正の国会論議では、主要野党も似た主張を展開した。つまり、〝人権派〟や野党は外国人労働者の受け入れ拡大自体には反対せず、「共生」の中身を問題にしていた。

〈外国人に頼らなければ、もはやこの国は成り立たない。〉

朝日が当たり前のように書く認識は、実は政府とも重なる。菅義偉官房長官も「外国人材の働きなくして日本経済は回らないところまで来ている」（2018年8月23日「西日本新聞」電子版インタビュー）と述べている。

「外国人なしでは日本は成り立たない」という前提には、外国人が嫌いなはずの保守派からも異論はほとんど聞かれない。しかし、この前提は本当に正しいのだろうか。

外国人頼みが著しい仕事とは、日本人が嫌がる低賃金の肉体労働である。そんな仕事を貧しい国の外国人に担わせることが、本当に「共生」と呼べるのか。むしろ私には、自らの利益追求のため、低賃金の〝奴隷労働者〟を欲する経済界の方がよほど正直に映る。

〝人権派〟が唱える「共生」とは、外国人に家族と一緒に日本へ来てもらい、日本人と同じ待遇で働き、最後は移民になってもらうことらしい。しかし、それは外国人の声に耳を傾け、導き出した主張だとは思えない。少なくとも私が過去12年の取材で出会ってきた外国人労働者の多くは、家族の帯同も、日本で移民になることも望んでいなかった。日本で短期間のうちにできるだけ稼ぎ、母国へ戻って家族と暮らすのが希望なのだ。

彼らは好き好んで日本にやってくるわけではない。日本にいる限り、自分たちが底辺労働から抜け出せないとわかっている。そもそも日本人が思うほど、この国は魅力的に映っていない。「共生」を条件に嫌な仕事も担ってくれるという発想は、外国人たちの本音を知らない〝人権派〟の思い上がりだ。

想像してもらいたい。近い将来、中国で現在の日本のような人手不足が生じたとしよう。中国政府は外国人労働者の受け入れ拡大に踏み切る。賃金は日本よりもずっと高い。そのとき日本人は中国人が嫌がる仕事を担うため、中国へと喜んで出稼ぎに行くだろうか。「共生」という建前を掲げる中国政府の言葉を信じ、中国で移民になりたいだろうか。そして、そんな中国を日本人は愛せるのか。

留学生の労働力がなくなれば、朝日新聞の配達現場は成り立たなくなるだろう。スーパーやコンビニの弁当の値段、宅配便の配送料なども値上げされる。コンビニや飲食チェーンでは「24時間営業」が成立しない店も出てくるはずだ。

だからといって、〈もはやこの国は成り立たない〉わけではない。外国人の犠牲によって維持されている私たちの「便利で安価な暮らし」が成り立たなくなるだけだ。

全国隅々にまでコンビニがあって、深夜でも温かい牛丼が「380円」で提供され、スーパーでは「398円」で弁当が買える――。そんな暮らしは世界でも日本人だけが得ている特権だ。しかし、もはや限界なのである。最近、人手不足のため脱24時間営業を求めるコンビニオーナーたちが声を上げ、ニュースとなった。まさに「限界」を象徴する現象といえる。

現状を無理して維持しようとすれば、必ず代償を払うことになる。外国人頼りの職種では賃金が上がらず、日本人の働き手はさらに遠ざかっていく。第三章で、ある専門学校幹部の言葉を引用し、専門学校や大学にとって偽装留学生の受け入れは〝禁断の果実〟だと書いた。学校の経営は維持できるが、日本人の学生はいっそう遠ざかる。それと同じことが、外国人労働者の働く職場でも起きていく。

問題は賃金に留《とど》まらないだろう。ひとたび景気が悪化すれば、底辺労働の現場で外国人と日本人の競合関係が生まれる。リーマンショックでは、日本人より先に外国人が職を失った。しかし、外国人の方が安く使えるとなれば、次の不況では日本人からクビを切られるかもしれない。また、外国人の失業者が国内に溢《あふ》れる状況もあり得る。そうなったとき、日本人の怒りは「移民」へと向かい、排斥の動きが高まっていく。それは欧州の歴史がすでに証明している。

さもなければ、日本人との衝突が起きる前に外国人の方から日本を見捨てるかもしれない。マックス・フリッシュも指摘しているように、外国人労働者も「人間」だ。途上国の出身者であろうと、日本人が嫌がる仕事は、できれば彼らもやりたくない。母国の賃金が上昇するか、さらに魅力的な出稼ぎ先が見つかれば、彼らはさっさと日本から去っていく。

アジアの貧しい人々ならば、嫌な仕事でも進んで担い、日本人の若者が去った田舎に住み、空き家で暮らし、そして「移民」にもなってくれる。そうした発想で外国人の受け入れを進めていれば、やがて大きなしっぺ返しがある。日本人が魅力を感じない地域や国には、外国人も本心では魅力を感じていないのだ。

「日本人は忙しすぎる。いつも仕事に追われ、幸せそうに見えない」

日本で働く外国人から私は何度となくそう聞かされてきた。たとえ日本語が不自由であっても、彼らは冷静に日本人を観察している。

世界最高の「便利で安価な暮らし」は、私たちの欲求に企業が応《こた》えて実現した。しかし、働く側の私たちは、他国の人々よりも幸せになれたのだろうか。「便利で安価な暮らし」を手に入れた代わりに、私たちは大切な何かを失ってはいないのか。

人口減少によって、今後さらに経済のパイは縮小していく。それでも企業は利益の追求を止めない。便利さと低価格という私たちの欲求を満たすべく、大企業から下請け、そして現場で働く人々へとプレッシャーが転嫁されていく。そんなピラミッド構造の最底辺に存在する外国人たち、とりわけ本書で取り上げてきた偽装留学生は、弱い者がさらに弱い者を叩《たた》いて成り立つ、私たちの社会の「今」の象徴といえる。つまり、偽装留学生とは、私たち自身の写し絵なのである。

留学生を斡旋《あっせん》するブローカー、バブルを謳歌《おうか》する日本語学校、そのおこぼれに与《あず》かる専門学校や大学、留学生の違法就労をわかって雇い入れる企業、何より「留学」をエサに新興国の若者を日本へと誘い込んでいる政府――。皆、醜悪である。だが、その醜悪さもまた、他者を思いやる余裕をなくしてしまった、落ちゆく日本と日本人の姿そのものなのかもしれない。

出井康博（いでい・やすひろ）
1965年、岡山県生まれ。ジャーナリスト。早稲田大学政治経済学部卒業。英字紙『日経ウィークリー』記者、米国黒人問題専門のシンクタンク「政治経済研究ジョイント・センター」（ワシントンDC）客員研究員を経てフリー。2007年から外国人労働者問題を取材。著書に『ルポ　ニッポン絶望工場』（講談社＋α新書）、『長寿大国の虚構 外国人介護士の現場を追う』（新潮社）、『松下政経塾とは何か』（新潮新書）など多数。

移《い》民《みん》クライシス
偽《ぎ》装《そう》留《りゅう》学生《がくせい》、奴隷労働《どれいろうどう》の最前線《さいぜんせん》
出《いで》井《い》康博《やすひろ》

2019年 4月 10日　初版発行
2025年 5月 20日　9版発行

◆◇◇
発行者　山下直久
発　行　株式会社KADOKAWA
〒102-8177　東京都千代田区富士見 2-13-3
電話　0570-002-301（ナビダイヤル）
装丁者　緒方修一（ラーフイン・ワークショップ）
ロゴデザイン　good design company
オビデザイン　Zapp!　白金正之
印刷所　株式会社KADOKAWA
製本所　株式会社KADOKAWA

角川新書

ISBN978-4-04-082291-4 C0236